www.ingramcontent.com/pod-product-compliance
Lightning Source LLC
LaVergne TN
LVHW051107051026
849532LV00004BB/1465
9788196077761

لاہور کا جو ذکر کیا

(کچھ آپ بیتی کچھ جگ بیتی)

از:

گوپال مِتّل

© Taemeer Publications
Lahore ka jo zikr kiya
by: Gopal Mittal
Edition: December '2022
Publisher & Printer:
Taemeer Publications, Hyderabad.

ISBN 978-81-960777-6-1

کتاب	:	**لاہور کا جو ذکر کیا**
مصنف	:	**گوپال مِتّل**
صنف	:	خودنوشت
ناشر	:	تعمیر پبلی کیشنز (حیدرآباد، انڈیا)
زیر اہتمام	:	تعمیر ویب ڈیولپمنٹ، حیدرآباد
ترتیب / تہذیب	:	مکرم نیاز
سالِ اشاعت	:	۲۰۲۲ء
تعداد	:	(پرنٹ آن ڈیمانڈ)
طابع	:	تعمیر پبلی کیشنز، حیدرآباد -۲۴
صفحات	:	۱۲۴
سرورق ڈیزائن	:	مکرم نیاز

پیش لفظ

مکرم نیاز

گوپال متل (پیدائش: ۱۱رجون ۱۹۰۱، مالیر کوٹلہ - وفات: ۱۵رمارچ ۱۹۹۳، دہلی) کی شناخت شاعر، نقاد اور ایک قابل مدیر کی ہے۔ سناتن دھرم کالج لاہور سے بی اے کرنے کے بعد وہ ۱۹۴۸ء میں دلی پہنچ کر ماہنامہ "تحریک" کی ادارت سے وابستہ ہوئے۔ ان کی ادارت میں اس رسالے نے اردو کی ادبی صحافت میں اہم کردار ادا کیا۔

انہوں نے لدھیانہ سے شائع ہونے والے اخبار 'صبح اُمید' میں بھی ملازمت اختیار کی۔ صبح اُمید کے انقطاع کے بعد لاہور چلے گئے جہاں مولانا تاجور نجیب آبادی کے اخبار 'شاہکار' میں ملازمت اختیار کی، اِس کے علاوہ ایک فلمی میگزین 'جگت لکشمی' میں بھی لکھتے رہے۔ تقسیم ہند اگست ۱۹۴۷ء میں وہ ہندوستان چلے آئے اور یہاں 'ملاپ' اور 'تیج' نامی روزنامہ اخبارات میں بطور صحافی اپنی ذمہ داریاں نبھائیں۔ ۱۹۵۳ء میں اپنا خود کا ادبی جریدہ تحریک جاری کیا جس کی ادارت بھی خود کی۔ اس جریدے میں ۱۹۵۶ء سے ۱۹۷۶ء تک مخمور سعیدی نے بطور معاون مدیر خدمات انجام دیں۔

گوپال متل نے شاعری کے ساتھ اچھی تنقید بھی لکھی۔ ان کی تحریروں نے نئے نظریاتی مباحث کو قائم کرنے اور پرانے مباحث کو صحیح سیاق میں سمجھنے میں معاون کردار ادا

کیا۔ گوپال متل کو ان کی ادبی اور تنقیدی خدمات کے لئے غالب ایوارڈ اور بہار اردو اکادمی ایوارڈ سے نوازا گیا۔

"لاہور کا جو ذکر کیا" گوپال متل کی ایسی مشہور کتاب ہے جس میں انہوں نے ان نوجوان شاعروں، ادیبوں اور صحافیوں کا خاکہ بیان کیا ہے جو آگے چل کر اپنے دور کے ادبی ستون بنے۔ بقول حیات اللہ انصاری، خاکے مختصر سے ہیں مگر ان کا بیان اتنا گہرا اور تہ دار ہے کہ دماغ پر واضح اور کبھی کبھی انمٹ نقش چھوڑ جاتا ہے۔ ان خاکوں میں دلپذیر توازن اور دیانت ہے۔ محبت میں عیوب پر نظر ہے اور ناپسندیدگی میں بھی پسندیدہ پہلوؤں کو نظر انداز نہیں کیا گیا ہے۔ اس مختصر سی کتاب میں ظفر علی خاں، اختر شیرانی، حفیظ جالندھری، مولانا تاجور، عبدالمجید سالک، دیوندر ستیارتھی، پنڈت ہری چند اختر، چراغ حسن حسرت، کرشن چندر، باری علیگ، احسان دانش، عبدالحمید عدم کے علاوہ کئی درجن اہلِ قلم کا ذکرِ خیر ہے جو سرسری نہیں ہیں۔ یہ لوگ مع اپنے نفسیاتی منظر کے ساتھ سامنے آتے ہیں تو کہیں کہیں ان کے لاشعور کا بھی خوبصورت تجزیہ کیا گیا ہے۔

تعمیر پبلی کیشنز (حیدرآباد، انڈیا) کی جانب سے اسی دلچسپ اور یادگار کتاب "لاہور کا جو ذکر کیا" کا جدید ایڈیشن پیش خدمت ہے۔

۲۱/دسمبر ۲۰۲۲ء

حیدرآباد دکن (انڈیا)

مختصر مگر گہری اور تہہ دار ملاقاتیں

حیات اللہ انصاری

متل ایک ادیب ہے۔ میں اس کی بعض باتوں میں اتفاق نہ کروں تو بھی وہ ادیب ہے۔ کسی ادیب کی ادبی خوبیوں کو نہ دیکھنا اور اس کے خیالات کے صرف چند پہلو دیکھ کر کوئی رائے قائم کرلینا، یہ ایسی تنگ نظری ہے جسے علمی و ادبی دنیا برداشت نہیں کر سکتی ہے۔

میں 'تحریک' کا کافی عرصہ سے مطالعہ کرتا رہا ہوں۔ سب سے پہلے جس چیز نے میرے دل میں متل کی قدر پیدا کی، وہ ہے ان کا تجزیہ اور استدلال۔ یہ مخالف ہوں یا موافق دونوں حالتوں میں ان کا قلم استدلال کو پیش نظر رکھتا ہے۔ دوسری چیز جس نے مجھے متاثر کیا بلکہ میں تو یہ کہوں گا بہت متاثر کیا ہے، وہ ہے ان کا تہہ دار مشاہدہ جس میں جذبات، تجزیہ اور استدلال سب کی، بہت توازن سے آمیزش ہوتی ہے اور پھر اس نسخے سے جو چیزیں برآمد ہوتی ہیں وہ خوبصورت شاہکار ہوتے ہیں۔

متل کی مشہور کتاب "لاہور کا جو ذکر کیا" دیکھیے۔ اس میں آپ ایسے نوجوان شاعروں، ادیبوں اور صحافیوں سے ملاقات کریں گے جو آگے چل کر اپنے دور کے ادبی ستون بن گئے۔ یہ ملاقات مختصر سی ہوگی لیکن اتنی گہری اور تہہ دار ہوگی کہ دماغ پر واضح اور کبھی کبھی تو انمٹ نقوش چھوڑ جائے گی۔

متل نے شخصیات پر جو تبصرے لکھے ہیں، ان میں عجیب من موہنا توازن اور دیانت ہے، محبت میں عیوب پر نظر ہے اور ناپسندیدگی میں بھی پسندیدہ پہلوؤں کو نظر انداز نہیں کیا گیا ہے۔ میں نے جانے کتنے مضامین ظفر علی خاں پر پڑھے ہیں اور لوگوں سے ان کے بارے میں زبانی باتیں سنی ہیں۔ ان میں ہمیشہ ادھورا پن ہی محسوس کیا ہے۔ متل کی کتاب کے ساڑھے پانچ صفحوں میں ظفر علی خاں کی شخصیت سے بھرپور ملاقات ہو گئی اور پتہ چل گیا کہ وہ کیا تھے اور ان کی شاعری کیا تھی۔

ایک ظفر علی خاں ہی پر کیا منحصر، اس مختصر سی کتاب میں آپ کو ملیں گے اختر شیرانی، حفیظ جالندھری، مولانا تاجور، عبدالمجید سالک، دیویندر ستیارتھی، پنڈت ہری چند اختر، چراغ حسن حسرت، کرشن چندر، باری علیگ، احسان دانش، عبدالحمید عدم وغیرہ کئی درجن اہلِ قلم۔۔۔ ان سے جو ملاقاتیں ہوں گی سرسری نہیں ہوں گی۔ یہ لوگ مع اپنے نفسیاتی منظر کے ساتھ سامنے آتے ہیں، کہیں کہیں تو ان کے لاشعور کا بھی خوبصورت تجزیہ کیا گیا ہے۔

ادیبوں کے پہلو بہ پہلو ادبی تحریکیں بھی ہیں، روزنامے بھی ہیں اور ماہنامے بھی۔ روزناموں کی پالیسیوں اور صحافیوں کی ذہنیتوں پر خوبصورت اور حقیقت پسندانہ تجزیے ہیں۔ سیاسی تحریکیں بھی آنکھوں کے سامنے آجاتی ہیں، کہیں کہیں تو ان تہہ نشیں خونی لہروں کی بھی جھلک مل جاتی ہے جنھوں نے پنجاب کو نہ صرف دو حصوں میں بانٹ دیا بلکہ پڑوسیوں کے ہاتھوں سے پڑوسیوں کے گلے بھی کٹوا دیے۔

کردار و واقعات نگاری اور فضا سازی کا کیا کہنا! ان سب کی نوک پلک بہت آراستہ پیراستہ ہے، زبان بے حد رواں ہے جس میں متل کا خلوص برابر جھلکتا رہتا ہے اور جگہ جگہ ان کی دل آویز ظرافت نگینہ کی طرح چمک جاتی ہے۔

"لاہور کا جو ذکر کیا" جب پڑھ چکیں تو دو باتوں کی زبردست خواہش پیدا ہونے لگتی ہے۔ ایک تو یہ کہ متل اب دوسری کتاب "دہلی کا جو ذکر کیا" کیوں نہیں لکھتے اور دوسری یہ کہ

"لاہور پر ایک نظر اور" کی بھی ضرورت ہے جس میں ان خونی لہروں سے ہمارا تعارف کرایا جائے جس نے متل کی ان صحبتوں کو آگ اور خون کی نذر کر دیا جن کو انہوں نے قلندروں کی صحبت لکھا ہے۔

میں متل کو مبارک باد دیتا ہوں کہ انہوں نے اردو ادب میں اپنا ایک مستقل مقام پیدا کر لیا ہے اور آج ان کا شمار چوٹی کے ادیبوں اور اردو کے خدمت گزاروں میں کیا جاتا ہے۔

ایں دولتِ سرمد ہمہ کس رانہ دہند

☆☆☆

نہ پوچھ حال میں وہ چوبِ خشکِ صحرا ہوں
لگا کے آگ جسے قافلہ روانہ ہوا

(آتش)

۱۹۳۲ء میں بی۔ اے کا امتحان پاس کر لیا تو سوال یہ پیدا ہوا کہ اب کیا کیا جائے؟ زمانۂ طالب علمی میں میں کالج کی بزمِ ادب کا سکریٹری تھا اور نصابی کتب سے کہیں زیادہ توجہ شعر و شاعری پر صرف ہوتی تھی۔ پھر مجھے برج کھیلنے کا بھی چسکا تھا اور سیاسی سرگرمیوں میں بھی تھوڑا بہت حصہ لیتا رہتا تھا۔ لاہور کے ادیبوں اور شاعروں سے بھی اسی زمانے میں واقفیت ہو گئی تھی لیکن ظاہر ہے کہ ان میں سے کوئی مشغلہ بھی معاش کے معاملے میں مفید نہیں ہو سکتا تھا۔

امتحان دینے کے بعد اپنے وطن مالیر کوٹلہ لوٹا تو سال دو سال شاعری اور بیکاری میں گزر گئے۔ پرجا منڈل[1] کی سرگرمیوں میں بھی شرکت بڑھنے لگی۔ گھر والوں کو بے کاری اور شاعری سے کہیں زیادہ اس بات پر تشویش تھی اور یہ کچھ بیجا بھی نہیں تھی۔ ایک مطلق العنان ریاست میں کیا نہیں ہو سکتا تھا۔

جائے ماندن نہ رہی تو پائے رفتن کو جنبش ہوئی۔ تھوڑا بہت روپیہ جو فراہم کر سکا جیب میں ڈالا اور لدھیانے پہنچ گیا، اس خیال سے کہ وہاں سے ایک ادبی جریدہ جاری کیا جائے۔ ظاہر ہے کہ بیکاری کا یہ علاج بیکاری سے بدتر تھا اور جیسا کہ آگے چل کر معلوم ہوگا اس کا انجام بخیر نہیں ہوا۔

لدھیانے پہنچ کر "کارنامہ" کے نام سے ڈیکلریشن داخل کیا تو دو ہفتے تک اس کا کوئی جواب ہی نہیں آیا۔ کسی وسیلے سے متعلقہ دفتر تک رسائی حاصل کی تو معلوم ہوا کہ سی، آئی، ڈی نے اپنی تحقیقات کے سلسلے میں یہ لکھ دیا تھا کہ درخواست کنندہ ریاست مالیر کوٹلہ کا باشندہ ہے اس

---

[1] پرجا منڈل کی تحریک ہندوستانی ریاستوں میں کانگرس کی متداول تحریک تھی۔

لیے کاغذات ریاست کو بھیج دیے گئے ہیں۔ یہ سنتے ہی میں نے سمجھ لیا کہ درخواست داخلِ دفتر ہوئی کیونکہ نواب مالیر کوٹلہ کو اخباروں سے سخت وحشت تھی اور یہ بات تو انھیں گوارا ہو ہی نہیں سکتی تھی کہ ان کی رعایا کا کوئی فرد اخبار نویسی جیسے خطرناک پیشے کو اختیار کرے۔ بہر حال آخری کوشش کر دیکھنے کے خیال سے میں مالیر کوٹلے گیا اور شیخ بشیر حسن صاحب بشیر سے ملا۔ بشیر صاحب ان دنوں ریاست کے خارجی امور کے وزیر تھے۔ وہ شاعر بھی تھے اور شاعر نواز بھی۔ میرے ساتھ ان کے تعلقات بھی اچھے تھے۔ پیشتر اس کے کہ میں کچھ کہتا انھوں نے خود ہی مجھے بتا دیا کہ میری درخواست ان کے پاس آچکی ہے اور ساتھ ہی یہ بھی کہ اس پر کوئی کارروائی نہیں ہوگی۔ حکام کو ڈیکلریشن دینے سے رد کا نہیں جائے گا لیکن کاغذات بھی واپس نہیں کیے جائیں گے۔ بات چیت چونکہ خالصتہً نجی سطح پر ہوئی تھی اس لیے انھیں یقین تھا کہ میں اسے کسی ایجی ٹیشن کا عنوان نہ بناؤں گا۔ پھر اگر میں ریاست سے باہر تھا تو کیا ہوا' میرے گھر والے تو وہیں موجود تھے۔

لدھیانے پہنچ کر مقامی دوستوں سے مشورے ہوئے۔ طے پایا کہ "کارنامہ" کے ڈیکلریشن کی درخواست کو وہیں چھوڑ دیا جائے، "صبحِ اُمید" کے نام سے نئے ڈیکلریشن کی درخواست دی جائے اور یہ درخواست کسی مقامی شخص کی طرف سے دی جائے۔ یہ درخواست منصور صاحب کی طرف سے دی گئی جو حکّام کی نظروں میں ایک معزز شخص تھے۔ لہٰذا درخواست ایک ہی ہفتے میں منظور ہوگئی۔

منصور بہت اچھی غزل کہتے تھے اور شعر و ادب بالخصوص غزل پر اچھی ناقدانہ نظر رکھتے تھے۔ "صبحِ امید" کے پہلے شمارے میں انھوں نے حالیؔ کی غزل گوئی پر جو مضمون لکھا تھا وہ بہت پسند کیا گیا تھا۔ منصور کے علاوہ جن دوستوں کا لدھیانے میں قرب حاصل ہوا ان میں نظیر حسین خاں نظیرؔ لدھیانوی، بالمکند عرشؔ ملسیانی اور ایم حسن لطیفی کے نام خاص طور پر قابلِ ذکر ہیں۔

نظیرؔ لدھیانوی اور عرشؔ ملسیانی نے دفتر اور رہائش کے لیے مجھے اپنے قریب ہی جگہ لے دی تھی، گلی کے ایک کونے پر عرشؔ کا گھر تھا اور دوسرے کونے پر نظیرؔ کا۔ نظیرؔ مدیر اعزازی کی حیثیت سے میرے شریکِ ادارت بھی تھے اور واقعہ یہ ہے کہ انھوں نے میری سرگرم مدد کی۔

"صبحِ امید" کا پہلا شمارہ ادب و شعر سے دلچسپی رکھنے والوں کو پسند آیا۔ لاہور سے اختر شیرانی اور دوسرے احباب نے بھی اس کے لیے اپنی چیزیں بھیجی تھیں اور اسد ملتانی نے اس کے لیے

خیر مقدمی رباعی کہی تھی جو مجھے آج تک یاد ہے:

برخیز کہ گردوں بہ مُرادت گردید
برخیز کہ رُخ نمود صُبحِ اُمّید
تا جوش زند خوں بہ رگ و ریشۂ تو
برخیز و بخور بادہ ز جامِ خورشید

سب سے بڑی داد اس شمارے کی مجھے یہ ملی کہ بابائے اُردو نے سہ ماہی "اردو" میں اس پر تبصرہ کر دیا۔ مجموعی طور پر تبصرہ اچھا تھا۔ البتہ دو ایک مضامین کے طرزِ نگارش کو (جو میری یا نظیر کی تصنیف نہیں تھے) زیادہ شوخ قرار دیا گیا تھا۔ تبصرے میں "صبحِ امید" کے اغراض و مقاصد پر بھی بحث تھی۔ پرچے کا ایک مقصد ہم نے اُردو زبان کا تحفظ و صیانت قرار دیا تھا۔ بابائے اُردو نے اس کا خیر مقدم کیا تھا اور اس پر مسرت کا اظہار بھی کیا تھا کہ ابھی ایسے ہندو موجود ہیں جو اُردو زبان کے تحفظ و صیانت میں دلچسپی رکھتے ہیں۔

میں اس تبصرے پر بہت خوش تھا لیکن اپنے ہندو ہونے کا ذکر مجھے پسند نہیں آیا تھا کیونکہ زندگی اس طور پر گزری تھی کہ ان خطوط پر کبھی سوچا ہی نہیں تھا۔

لاہور میں بھی کئی اخباروں اور جریدوں نے "صبحِ امید" کے مضامین نقل کیے اور اس کی تعریف بھی کی لیکن "صُبحِ امید" کا یہ پہلا شمارہ اس کا آخری شمارہ بھی تھا۔ اس ایک شمارے کے لیے میں نے لدھیانے میں تقریباً چھ مہینے قیام کیا، کچھ اس کی اشاعت سے پہلے کچھ بعد۔ پرچہ بند ہونے میں سرمائے کی قلّت سے کہیں زیادہ میری کیفیاتِ مزاج کو دخل تھا۔ ماحول کا شکوہ بے کار ہے کیونکہ یہ ماحول تو میری کیفیاتِ مزاج ہی نے پیدا کیا تھا۔

پرچے کے لیے خود بھی لکھا اور دوسرے لوگوں سے بھی اچھے مضامین حاصل کر لیے لیکن اس کے انتظامی معاملات کی طرف توجہ دینے کی مجھے فرصت نہیں تھی۔ بیشتر وقت بزم آرائیوں میں گزر جاتا۔ ہر وقت محفل جمی رہتی تھی اور شعر و شاعری اور سگریٹ کا دَور چلتا رہتا تھا۔ لدھیانے میں ان دنوں ایسے کئی لوگ تھے جنھیں فکرِ سخن کے سوا اور کوئی فکر نہیں تھی اور وہ سب میرے دوست بن گئے تھے۔

ان دنوں میں پیتا بھی بہت تھا لیکن اس میں میرے ادبی اور شعری ماحول کو کوئی دخل نہیں تھا۔ میرے شاعر اور ادیب دوستوں میں کوئی بھی پینے والا نہیں تھا۔ شریکِ جام اور لوگ تھے۔ کچھ اور مصیبتیں بھی نازل ہو گئی تھیں۔ میں محسوس کرنے لگا تھا کہ عرش اور نظیر نے جس مستعدی سے مجھے مکان دلوایا ہے اس میں صرف دوستی اور ادب سے دلچسپی کو دخل نہیں، مجھے ان لوگوں سے بڑی چڑ ہوتی ہے جو اپنے آپ کو مجھ سے زیادہ زیرک سمجھیں۔ چنانچہ میں ان کی کاٹ میں مصروف ہو گیا لیکن یہ سودا مجھے مہنگا پڑا اور ان کی مصیبت میرے گلے پڑ گئی۔ عرش ملسیانی کا یہ شعر اسی زمانے کی یادگار ہے:

تو کہاں آپھنسا مدن گوپال
لکھپتی ہو گئے یہاں کنگال

لدھیانے میں جن لوگوں سے اس زمانے میں تعلق رہا ان میں ایم حسن لطیفی کی شخصیت انتہائی دلچسپ ہی نہیں بلکہ عجوبۂ روزگار تھی۔ یہ صاحب مغرب سے صحافت کی تعلیم حاصل کر کے آئے تھے بہت اچھے شاعر تھے اور علم کی بھی ان کے پاس فراوانی تھی لیکن صحافت کی ڈگری کے ساتھ ساتھ وہ یورپ سے یہ خبط بھی ساتھ لے آئے تھے کہ وہ مہدیِ موعود ہیں۔ وہ تنہا نویسی کے اصول پر ایک پندرہ روزہ پرچہ نکالتے تھے اس میں ان کی نظمیں بھی شائع ہوتی تھیں اور مضامین بھی۔ اس میں وہ اپنے مہدی ہونے کا پروپیگنڈہ کرتے تھے اور "نظریۂ مہدویت" کے نام سے انھوں نے ایک کتابچہ بھی لکھا تھا۔ پرچے پر مقامِ اشاعت کی جگہ لدھیانے کی بجائے ارضِ لُد لکھا کرتے تھے۔ اُن کا کہنا تھا کہ بشارتوں کے مطابق مہدیِ موعود ارضِ لُد سے اُٹھے گا اور لدھیانہ ہی ارضِ لُد ہے۔ کتابچے سے ان کے مہدیِ موعود ہونے کا ثبوت خواہ نہ ملتا ہو لیکن ان کے کثیر المطالعہ ہونے کا ثبوت ضرور ملتا تھا۔ انھوں نے ماضی کی بشارتوں کا سہارا لے کر بڑے پُر پیچ استدلال سے یہ ثابت کر دیا تھا کہ ان کی ذات میں وہ تمام صفات ہیں جو مہدیِ موعود میں پائی جانی چاہئیں۔ اپنے دعویِ مہدویت کی تائید میں وہ اقبال کا یہ شعر بھی استعمال کیا کرتے تھے:

ہوئی جس کی خودی پہلے نمودار
وہی مہدی وہی آخر زمانی

اس سے گمان گزرتا تھا کہ یہودیت ان کے نزدیک وہبی نہیں بلکہ اکتسابی چیز تھی اور ان کے دعوے میں صرف جنون ہی کو دخل نہیں تھا۔ شاید انھوں نے اپنے طور پر ایک چال چلی تھی جو ناکام ہوگئی۔ اسباب خواہ کچھ ہوں نتیجہ عبرتناک تھا۔ یہودیت کے پرچار میں ان کی دولت بھی ختم ہوتی گئی اور صحت بھی۔ جب میں ان سے ملا تھا تو وہ دھان پان رہ گئے تھے۔ سُنا ہے کہ تقسیم کے بعد وہ پاکستان چلے گئے اس کے بعد خدا ہی جانتا ہے کہ ان کا کیا حشر ہوا۔

نظیر لدھیانوی ان دنوں پاکستان میں ہیں اور تصنیفی اور صحافتی سرگرمیوں میں معروف ہیں اور عرش "آجکل" کی ادارت سے حال ہی میں ریٹائر ہوئے ہیں۔

"صبحِ اُمید" بند ہونے کے بعد (بلکہ سچ پوچھو تو وہ چلا ہی کب تھا؟) میں کچھ دن تک لدھیانے میں آوارہ گردی کرتا رہا اور پھر مالیر کوٹلے کے چند روزہ قیام کے بعد لاہور کا رُخ کیا۔

لاہور پہنچ کر یک گونہ اطمینان ہوا کہ میرے ادیب اور شاعر دوست "صبحِ اُمید" کی ناکامی پر میرا مذاق نہیں اُڑا رہے تھے انھیں مجھ سے ہمدردی تھی اور وہ یہ بھی محسوس کرتے تھے کہ مجھ میں ادبی کام کرنے کی صلاحیت ہے لیکن اس بات پر وہ سبھی متفق تھے کہ ادب اور شعر کو ذریعۂ معاش بنانا ممکن نہیں۔ ایک اچھا مضمون لکھ کر یا اچھا شعر کہہ کر داد تو وصول کی جاسکتی تھی، معاوضہ نہیں۔ احسان دانش، اور میرزا عظیم بیگ چغتائی کے چچیرے بھائی فہیم بیگ چغتائی میرے اچھے دوست تھے لیکن وہ دونوں خود گردشِ زمانہ کا شکار تھے۔ اختر شیرانی کا معاملہ یہ تھا کہ ؎

میں تو خود اپنے بھی کوئی کام آسکتا نہیں

صرف حفیظ جالندھری تھے جن سے کچھ توقع کی جاسکتی تھی۔ انھوں نے کسی بخل سے بھی کام نہیں لیا لیکن معاش کا معاملہ ان دنوں تھا ہی ٹیڑھا۔ ادبی جرائد کو کام کرنے والوں کی تلاش تو رہتی تھی لیکن وہاں کام کارِ خیر سمجھ کر ہی کیا جاسکتا تھا۔ تنخواہ آپ جو چاہتے مقرر کرا لیتے لیکن مالکوں پر کوئی ایسی ذمہ داری عائد نہیں تھی کہ وہ تنخواہ ادا بھی کریں گے۔ آخر سوچ سوچ کر حفیظ نے یہ فیصلہ کیا کہ مجھے "پارس" سے وابستہ کر دیا جائے۔ "پارس" کی ان دنوں بہت شہرت تھی۔

اسے حلقۂ نیاز مندانِ لاہور کی جو حفیظ، محمد دین تاثیر، پطرس اور پنڈت ہری چند اختر پر مشتمل تھا، قلمی معاونت حاصل تھی اور اس کے مالک اور ایڈیٹر لالہ کرم چند کے ساتھ حفیظ کے بہت اچھے مراسم تھے بلکہ ان پر حفیظ کے کچھ احسانات بھی تھے لہٰذا حفیظ کو یقین تھا کہ ان کے کہنے پر جو تنخواہ مقرر کی جائے گی وہ ادا بھی ہوگی۔

حفیظ مجھے لے کر "پارس" کے دفتر گئے۔ کرم چند انتہائی تپاک سے ملے۔ حفیظ نے دو ٹوک بات کی اور بڑی صفائی سے کہہ دیا کہ تنخواہ چاہے کم ہی مقرر کی جائے لیکن جو طے پا جائے وہ باقاعدگی سے ادا ہوتی رہے۔ کرم چند جی نے یہ بات مان لی اور مجھے تیس روپے ماہوار دینے کا وعدہ کیا۔ لیکن دوسرے دن دفتر پہنچ کر جب مجھے یہ پتہ چلا کہ منشی دولت بخش جو "پارس" کی کتابت کرتے تھے، ان کا تنخواہ کے سلسلے میں دفتر پر تین چار ہزار روپیہ واجب ہے، تو میں نے حوصلہ ہار دیا اور دوسری بار دفتر جانے کی مجھے ہمت نہیں ہوئی۔

بہر حال "پارس" سے یک روزہ وابستگی میرے لیے مفید ضرور ثابت ہوئی۔ "پارس" کے دفتر میں اخبار نویسوں اور ادیبوں کا تانتا بندھا رہتا تھا اور غالباً کاروباری طور پر اس کی ناکامی کا ایک سبب یہ بھی تھا کہ اس روز بھی کئی لوگ وہاں آئے۔ ان کی بات چیت سے میں نے اندازہ لگایا کہ لاہور میں کچھ روزنامے ایسے بھی ہیں جن کا "معیار اگرچہ پست ہے" لیکن کاروباری طور پر وہ بہت کامیاب ہیں اور وہاں تنخواہ باقاعدگی سے ملتی ہے۔ "پارس" سے قطع تعلق کے بعد میں نے انہی کا رُخ کیا۔ ان میں سے کسی میں ملازمت تو نہیں ملی لیکن تگ و دو کے دوران میں یہ پتہ ضرور چل گیا کہ عنقریب معقول سرمائے کے ساتھ ایک اور روزنامہ "بھارت ماتا" نکلنے والا ہے۔ یہ اخبار پنڈت نانک چند بیرسٹر، مسٹر پران ناتھ مہتہ ایڈووکیٹ اور لاہور کے چند اور ہندو سبھائی حضرات نکال رہے تھے اور لالہ رام پرشاد جو کسی زمانے میں "بندے ماترم" کے ایڈیٹر رہ چکے تھے اور لالہ لاجپت رائے کے دستِ راست تھے، اس کے مدیرِ اعلیٰ مقرر ہوئے تھے۔

دوستوں کی فہرست پر نظر ڈالی تو ایسا کوئی شخص نظر نہیں آیا جو وہاں تک رسائی کا وسیلہ بنتا۔ آخر جرأت سے کام لیا اور سیدھا لالہ رام پرشاد کے پاس پہنچ گیا۔ لالہ رام پرشاد

بزرگانہ شفقت سے پیش آئے۔ میں 'صبحِ امید' کا پرچہ ساتھ لے گیا تھا، اس کی ورق گردانی کرتے رہے جس کے دوران میں اُن کے چہرے پر کچھ پسندیدگی کے آثار بھی نمایاں ہوئے۔ آزمائش کا مرحلہ تب آیا جب انھوں نے مجھ سے یہ پوچھا کہ روزانہ صحافت کا مجھے کہاں تک تجربہ ہے اور ترجمے کی صلاحیت مجھ میں کتنی ہے؟

مجھے روزانہ صحافت اور ترجمے کا کوئی تجربہ نہیں تھا لیکن اس مرحلے پر میری حاضر دماغی کام آگئی۔ میں نے کہا لالہ جی مجھے تجربہ تو ہے اور آپ چاہیں تو اس قسم کے سرٹیفکیٹ بھی پیش کرسکتا ہوں لیکن یہ سرٹیفکٹ جھوٹے بھی ہوسکتے ہیں۔ کیوں نہ آپ میرا تحریری امتحان لے کر میری صلاحیتوں کا خود ہی فیصلہ کرلیں۔ یہ بات انھیں جچ گئی۔ انھوں نے مجھے کچھ خبریں دیں جن کا میں نے ترجمہ کردیا۔ پھر ایک مضمون دیا، اس کا بھی میں نے ترجمہ کردیا۔ کام انھیں پسند آگیا۔ انھوں نے صرف دو باتیں مجھے بتائیں۔ ایک یہ کہ خبروں کا ترجمہ کرتے وقت لفظ 'مبینہ' کو کبھی نظرانداز نہیں کرنا چاہیے۔ میں ایک خبر میں اسے نظرانداز کرگیا تھا —— اور دوسرے یہ کہ زبان جہاں تک ممکن ہو انتہائی سادہ استعمال کرنی چاہیے۔

'صبحِ امید' کے پرچے کی ورق گردانی کرتے وقت انھوں نے میری غزل بھی دیکھ لی تھی۔ کہنے لگے کیا تم سیاسی موضوعات پر بھی نظمیں کہہ سکتے ہو؟ میں نے ہاں کہا تو بولے لیکن نظم تو موڈ آنے پر ہی کہی جاسکتی ہے۔ میں نے کہا لالہ جی شاعری میری محبوبہ نہیں، بیوی ہے، مجھ سے کبھی انکار نہیں کرتی۔ اس پر بے تحاشہ ہنس پڑے اور کہنے لگے کہ اب آخری سوال یہ ہے کہ تم تنخواہ کتنی لوگے؟

اب تک کی بات چیت نے مجھ میں کافی جرأت پیدا کردی تھی۔ میں نے کہا لالہ جی جب میں اس کمرے میں داخل ہوا تھا تو میرا ارادہ تیس روپے طلب کرنے کا تھا لیکن اب میں امتحان میں کامیاب ہوگیا ہوں تو مجھے چالیس روپے ملنے چاہئیں۔ انھوں نے فوراً ہی مجھے مینیجر کے نام چٹ دے دی۔ چٹ پر چالیس کی بجائے پینتالیس روپے تنخواہ درج تھی۔

'بھارت ماتا' کے جائنٹ ایڈیٹر مسٹر دین دیال بھاٹیہ تھے جنھوں نے بعد میں فلمی ہفت روزہ 'چترا' جاری کیا اور اسسٹنٹ ایڈیٹروں میں میرے علاوہ مالک رام[لہ]، مسٹر جوشی،

[لہ] 'ذکرِ غالب' والے۔

جمنا داس اختر اور "پرتاپ" کے موجودہ جائنٹ ایڈیٹر دھرم ویر شامل تھے۔

شروع ہی سے ایسے آثار پیدا ہو گئے تھے کہ "بھارت ماتا" چلے گا نہیں۔ اوّل تو یہی بات اس کے خلاف جاتی تھی کہ "بھارت ماتا" ہندو سبھائی نقطۂ نگاہ کا ترجمان تھا اور ملک پر ان دنوں کانگرس چھائی ہوئی تھی، پھر اس کا اسٹاف بھی مجموعی طور پر اس صلاحیت سے محروم تھا جو ایک نئے اخبار کو چلتے ہوئے اخباروں کے مقابلے میں کامیاب کرنے کے لیے ضروری ہوتی ہے۔ لالہ رام پرشاد شریف اور ذی علم آدمی تھے۔ انھوں نے صحافت ایک ایسے دور میں شروع کی تھی جب اس کا مقصد تبلیغ اور صالح نظریات کی پرورش تھا۔ اخبار کو خالص کاروباری چیز سمجھنا اُن کے لیے ممکن نہیں تھا۔ صحافت کے میدان میں ایک اور تبدیلی سے بھی وہ بے خبر تھے۔ ان کے زمانے میں لوگ ایڈیٹوریل کو بہت اہمیت دیتے تھے لیکن نئے ماحول میں خبروں کو اداریے پر فوقیت حاصل ہو گئی تھی۔ وہ طویل طویل ایڈیٹوریل لکھتے اور کئی بار تو بالاقساط بھی۔ اس کے لیے وہ مطالعہ بھی کرتے اور استدلال کی بھی پوری عمارت کھڑی کر دیتے لیکن چٹخارہ ان کی تحریروں میں مطلق نہ ہوتا۔ ادھر پڑھنے والوں کا مذاق ایسا بن چکا تھا کہ چٹخارے کے بغیر کام نہیں چلتا تھا۔

مسٹر دین دیال بھاٹیہ کو اپنی صلاحیتوں کا مبالغہ آمیز احساس تھا۔ وہ سمجھتے تھے کہ انھیں جائنٹ ایڈیٹر مقرر کر کے ان کی حق تلفی کی گئی ہے۔ چنانچہ اپنی صلاحیتوں سے اخبار کو کوئی فائدہ پہنچانے کی بجائے وہ لالہ رام پرشاد کی کاٹ ہی میں لگے رہتے تھے۔ مالک رام اور رجوشی کو کام کرتے میں نے کبھی نہیں دیکھا۔ کئی بار رات کی ڈیوٹی پر میں، مالک رام اور جمنا داس اختر ہوتے تھے۔ مالک رام دفتر پہنچ کر کرسی پر بیٹھتے اور پانچ دس منٹ کے بعد سو جاتے۔ میں اور جمنا داس اختر انھیں ڈیوٹی کا وقت ختم ہونے کے بعد ہی جگاتے۔

ایک تو میں لدھیانے کی آوارگی کی وجہ سے مجرم ضمیری میں مبتلا تھا اور دوسرے ملازمت مجھے بڑی مشکل سے ملی تھی اس لیے میں نے بڑی محنت سے کام کیا اور جمنا داس اختر تو محنتی ہونے کے لیے مشہور رہیں۔ چنانچہ مالک رام جی کا کام نہ کرنا ہمیں کھلتا نہیں تھا۔ دھرم ویر کی ہمدردیاں دین دیال بھاٹیہ کے ساتھ تھیں اور دین دیال بھی ہر مشکل میں ان کے آڑے آ جاتے تھے۔ خبروں کے شعبے کے انچارج چونکہ دین دیال ہی تھے اس لیے دھرم ویر "سیاں بھئے کوتوال اب ڈر کاہے کا" کے اصول پر عمل کرنے

گئے تھے۔ اس سلسلے میں ایک بار ان سے ایک ایسی کوتاہی سرزد ہوئی جس کے باعث اخبار قبل از وقت ہی مر گیا۔ ان دنوں وہ رات کی ڈیوٹی پر تھے۔ اخبار کی پہلی سرخی عام طور پر اس طرح قائم کی جاتی تھی کہ کسی بڑے لیڈر کے بیان کا اہم حصّہ واوین میں دے کر آگے یہ لکھ دیا جاتا کہ فلاں لیڈر کا تازہ بیان۔ اس رات گاندھی جی کے بیان کو نمایاں کیا جانا تھا۔ کاتب سے ان کی تحریر پڑھی نہ گئی تو اس نے پوچھا "یہ کیا لکھا ہے؟" دھرم ویر نے ترنگ میں کہہ دیا "ایے لکھ دے مہاتما گاندھی کی تازہ بکواس۔" بیچارے عاقبت نا اندیش کاتب نے یہی لکھ دیا اور یہ سُرخی اسی طرح چھپ گئی۔ بعد میں اخبار کے پہلے صفحے پر کئی دن تک معافی نامہ چھپتا رہا لیکن لوگ یہ سمجھتے رہے کہ ہندو سبھائی اخبار ہے اس لیے اس نے گاندھی جی کی توہین عمداً ہی کی ہوگی۔

اخبار کی کامیابی کے امکانات پہلے بھی کچھ زیادہ روشن نہیں تھے لیکن اس حادثے نے تو اس کی کمر ہی توڑ دی۔

لالہ رام پرشاد میرے ساتھ بڑی شفقت سے پیش آتے رہے اور میں نے ان سے بہت کچھ سیکھا۔ ان میں بزرگانہ درگذر کا مادّہ بھی بہت تھا اور وہ اپنے ماتحتوں کی کوتاہیاں ہنس کر ٹال دیتے تھے۔ ایک بار انھوں نے "سانڈوں کی نسل" کے عنوان سے ایک سلسلۂ مضامین لکھا۔ ہم سبھی لوگ دفتر میں اس کا مذاق اُڑاتے رہے اور مذاق ہی مذاق میں، میں نے یہ شعر اس پر چسپاں کر دیا:

> تیرے لیڈر کا واہ کیا کہنا
> حاصلِ سانڈیات ہے پیارے

دین دیال بھاٹیہ نے زیادتی یہ کی کہ ٹیلی فون پر یہ شعر عبدالمجید سالک کو سنا دیا اور انھوں نے اسے "افکار و حوادث"* کا جُز بنا لیا۔

لالہ جی تک بات پہنچی تو انھوں نے مجھ سے پوچھا۔ میں نے صاف اعتراف کر لیا کہ یہ شعر واقعی میں نے کہا تھا لیکن اسے دفتر سے باہر پہنچانے کے معاملے میں میں بے قصور ہوں۔ لالہ جی کو یقین تھا کہ

---

* روزنامہ "انقلاب" کا مزاحیہ کالم

میں جھوٹ نہیں بولتا۔ انھوں نے بات کو ہنس کر ٹال دیا لیکن ان کی بزرگانہ شفقت کا صحیح احساس مجھے اس وقت ہوا جب "بھارت ماتا" بند ہوا۔ ایک دن پہلے مجھ سے کہنے لگے تم پرسوں "ملاپ" کے دفتر چلے جانا۔ میں وہاں گیا تو مجھ سے صرف ایک سوال پوچھا گیا۔ "کتنی تنخواہ لوگے؟" میں نے پینتالیس روپے کہا۔ لیکن مجھے ملے پچاس۔ ظاہر ہے کہ یہ بھی لالہ رام پرشاد ہی کا کرم تھا۔

"ملاپ" میں میرا قیام بہت مختصر رہا لیکن اس مختصر سے دَور نے بھی عبرت اور بصیرت کا بہت سا سامان میرے لیے فراہم کر دیا۔

ان دنوں اُردو اخبار موجودہ مروّجہ سائز سے نصف سائز پر چھپا کرتے تھے۔ "ملاپ" کا ایک صفحہ ایڈیٹوریل کے لیے وقف تھا جسے لالہ خوشحال چند یا رنبیر جی لکھتے تھے۔ دوسرے صفحے پر مختصر اداراتی نوٹ اور فکاہی کالم ہوتا تھا، یہ صفحہ میں لکھتا تھا۔ اسپین کی خانہ جنگی شروع ہی ہوئی تھی۔ میں تقریباً ہر روز مختصرات میں ہسپانوی حکومت کی حمایت اور ہسپانوی باغیوں کی مخالفت کرتا رہا اور مجھے کسی نے نہیں ٹوکا لیکن ایک دن یکایک کیا دیکھتا ہوں کہ ایڈیٹوریل کے صفحہ پر ایک پورا ایڈیٹوریل باغیوں کی حمایت اور ہسپانوی حکومت کی مخالفت میں موجود ہے۔ میں نے اپنے ساتھیوں سے حیرت کا اظہار کیا تو انھوں نے بات کو ہنس کر ٹال دیا: "اخباروں میں سب چلتا ہے۔"

"ٹریبیون" کو چھوڑ کر جو انگریزی میں نکلتا تھا، پنجاب کے اخبار ان دنوں پالیسی نام کی کسی چیز سے آشنا نہیں تھے۔ صحافتی کالموں میں ایڈیٹروں کا رویّہ وہی ہوتا تھا جو ایک بگڑے ہوئے جاگیردار کا اپنی جاگیر میں ہوتا ہے۔ جو صحافی جتنا مشہور تھا اتنی ہی من مانی کرتا تھا۔ اس کی نمایاں مثال "زمیندار" کے ایڈیٹر مولانا ظفر علی خاں تھے۔ پہلے صفحے پر ان کی نظم پڑھ کر یہ پتہ چل جاتا تھا کہ آج ان کا موڈ کیا ہے اور وہ کس سے خوش یا ناخوش ہیں، اس سے زیادہ کچھ نہیں۔ سیاسی شخصیتیں ہوں یا تحریکیں، ان کے حق میں یا ان کے خلاف جتنی باتیں بھی لکھی جاسکتی تھیں وہ سب "زمیندار" کے اداراتی صفحات میں تلاش کی جاسکتی تھیں۔ باقی اخباروں کا حال بھی کچھ مختلف نہیں تھا۔ فرق صرف اتنا تھا کہ ان کے ایڈیٹروں کو ظفر علی خاں کا زورِ قلم میسّر نہیں تھا۔

ستم بالائے ستم یہ تھا کہ لکھنے والے اپنی تحریروں کا کوئی احترام نہیں کرتے تھے اور اپنی

بے اصولی پر نازاں تھے۔ پڑھنے والے ان کی تحریروں سے مشتعل ہو کر سر پھٹول تک پر آمادہ ہو جاتے لیکن خود ان لوگوں کے باہمی مراسم پر اس کا کوئی اثر نہ پڑتا اور وہ صحافتی برادری کی اخوت کے نام پر آپس میں شیر و شکر بنے رہتے۔

کچھ ہفت روزہ اخباروں میں مذہبی منافرت کا پرچار بڑے ہی قابلِ نفرت انداز میں کیا جاتا تھا۔ ان میں سے ایک کا نام "گرد گھنٹال" تھا، ایک کا "شیطان" تیسرے کا صحیح نام مجھے یاد نہیں رہا۔ غالباً "لاحول" تھا۔ جب ان کی دریدہ دہنی حد سے زیادہ بڑھی تو حکومت نے دو ایڈیٹروں کو جن میں سے ایک ہندو تھا اور ایک مسلمان، جیل میں بند کر دیا۔ اتّفاق سے وہ دونوں ایک ہی جیل میں تھے۔ رہا ہو کر ان میں سے ایک نے بڑے طمطراق سے لکھا کہ حکومت نے ہمیں مذہبی منافرت پھیلانے کے الزام میں سزا دی تھی لیکن ہم دونوں جیل میں بھائیوں کی طرح رہتے تھے۔ بہت ممکن ہے کہ ان کے ناخواندہ قارئین نے انھیں اس کی داد بھی دی ہو لیکن یہ شقاوت کی انتہا تھی۔

"ملاپ" میں کام کرتے تین چار مہینے ہی ہوئے تھے کہ ایک دن دفتر پہنچتے ہی چپراسی کے ذریعہ مجھے مختصر سی تحریر ملی جس میں درج تھا کہ مجھے برطرف کیا جا رہا ہے، میں منیجر کے پاس جا کر اپنی باقیماندہ تنخواہ وصول کر لوں۔ برطرفی کے اسباب پر کوئی روشنی نہیں ڈالی گئی تھی۔ میں چٹ لے کر منیجر کے پاس گیا تو اس نے مجھے مشورہ دیا کہ میں لالہ خوشحال چند سے مل لوں لیکن میرا جی نہیں چاہا اور میں تنخواہ وصول کر کے چلا آیا۔

برطرفی کے صحیح اسباب کا علم مجھے کبھی نہیں ہوا۔ میرے کام پر زمانۂ ملازمت میں کوئی خاص حرف گیری نہیں کی گئی تھی۔ صرف ایک مرتبہ اداراتی صفحے پر پروف ریڈنگ کی ایک غلطی رہ گئی تھی جس کا ذمّہ دار مجھے اور میرے ایک ساتھی میلا رام کو ٹھہرایا گیا تھا۔ مجھے اور انھیں الگ الگ خط ملے تھے، جن میں درج تھا کہ اس غلطی کی پاداش میں ہمیں دس دس روپے جرمانے کی سزا دی جا رہی ہے۔ میلا رام جی وہ خط لے کر نیجر جی کے پاس چلے گئے اور میں دس روپے کا نوٹ لے کر جرمانہ ادا کرنے کے لیے خزانچی کے پاس۔ کیونکہ خطوں میں یہی ہدایت کی گئی تھی کہ ہم زرِ جرمانہ ان کے پاس جمع کرا دیں۔ خزانچی نے زرِ جرمانہ وصول نہیں کیا اور مجھے نیجر جی کے پاس جانے کا مشورہ دیا۔ میرے کہنے پر کہ انھوں نے اپنے خط میں جواب طلبی نہیں کی بلکہ سزا دی ہے جس کی صرف تعمیل ہی باقی ہے، اس نے

کہا کہ جرمانہ تنخواہ میں سے کاٹ لیا جائے گا۔ لیکن جرمانہ کاٹا کبھی نہیں گیا۔ ہر بار میں نے انھیں جرمانہ کاٹنے کے لیے کہا اور انھوں نے اگلے ماہ پر ٹال دیا۔ آخری حساب کے وقت بھی یہ رقم کاٹی نہیں گئی۔

ایک اور بات بھی تھی جس کا برطرفی میں بالواسطہ طور پر دخل ہو سکتا تھا۔ ان دنوں بھائی پرمانند مرحوم نے کانگرس تحریک میں حصّہ لینے والی لڑکیوں کے کیریکٹر پر حملہ کیا تھا جس کے نتیجے میں ہندوستان بھر میں ان کے خلاف احتجاج ہوا۔ "ملاپ" اگرچہ ماحولِ وقت کے مطابق کانگرس تحریک کی تھوڑی بہت حمایت ہی کرتا تھا لیکن اس کے مالکوں کی دلی ہمدردیاں ہندو سبھا کے ساتھ تھیں اور بھائی پرمانند کے ساتھ تو لالہ خوشحال چند کے ذاتی مراسم بھی تھے۔ اس لیے "ملاپ" کے دفتر میں بات چیت کے دوران میں بھائی پرمانند کو حق بجانب ٹھہرایا جاتا تھا۔ ایک روز رات کے وقت جب لالہ خوشحال چند بھی ادارتی کمرے میں موجود تھے۔ اس مسئلے پر پھر بحث چھڑی اور چند سب ایڈیٹروں نے غالباً لالہ جی کی خوشنودی حاصل کرنے کے لیے کانگرس تحریک میں حصّہ لینے والی لڑکیوں کے خلاف کافی سخت الفاظ استعمال کیے۔ مجھ سے ضبط نہ ہو سکا اور میں نے جواباً بھائی پرمانند کے خلاف کچھ ایسی باتیں کہہ دیں جو یقیناً نازیبا تھیں مجھے کسی نے کہا تو کچھ نہیں لیکن اس واقعے اور میری برطرفی کے درمیان وقفہ کچھ زیادہ نہیں تھا۔

"ملاپ" سے نکل کر بے روزگاری کا سامنا تھا لیکن اتفاق سے میری ملاقات ایک پبلشر لالہ رام پرشاد مالک میسرز رام دتّہ مل اینڈ سنز سے ہوگئی۔ ان سے طے پایا کہ اگر میں ان کے لیے کتابیں لکھ دیا کروں تو وہ مجھے ہر ماہ کچھ نہ کچھ دیتے رہیں گے۔ میں نے تین چار ماہ کے عرصے میں اُن کے لیے کئی کتابچے لکھ دیے۔ ایک کتابچہ سوشلزم پر تھا اور تین لینن، کارل مارکس اور اسٹالن کی سوانح عمریاں تھیں۔ ان چاروں کتابچوں کے دائمی حقوقِ اشاعت کے عوض جو رقم مجھے ملی وہ کچھ زیادہ نہیں تھی لیکن اتنی کم بھی نہیں تھی کہ "ملاپ" کی ملازمت چھٹنے کی تلافی نہ کر سکے۔

کتابچوں کو کافی شہرت حاصل ہوئی اور ان کے یکے بعد دیگرے کئی ایڈیشن شائع ہوئے ایک وقت تو عالم یہ تھا کہ نوجوان کمیونسٹ پارٹی سے رابطہ بڑھانے کی کوشش کرتے تو اس سوال پر کہ انھوں نے اس وقت تک اس سلسلے میں کیا پڑھا ہے، وہ اکثر ان کتابچوں کے نام ہی

لیا کرتے تھے۔

کمیونسٹ حضرات اب ان کتابچوں کے حوالے سے مجھ پر تحوّل کعبہ کا الزام لگاتے ہیں اور یہ سچ بھی ہے کہ میرے خیالات میں کافی تبدیلیاں آئی ہیں لیکن واقعہ یہ ہے کہ جہاں تک راسخ العقیدہ کمیونسٹوں کا تعلق ہے وہ ان کتابچوں کے خلاف ہی تھے۔ "سوشلزم" میں میں نے جس چیز کی حمایت کی تھی وہ کمیونزم نہیں بلکہ جمہوری سوشلزم تھا۔ کتاب کو لکھتے وقت زیادہ استفادہ میں نے انگلستان کے فیبین مصنفوں سے کیا تھا اور قیام سوشلزم کے لیے جبری انقلاب کو ناگزیر کہیں نہیں ٹھہرایا تھا۔ یہ باتیں کمیونسٹ نقطۂ نگاہ کے متضاد تھیں۔ جہاں تک ان امنگوں اور آرزوؤں کا تعلق ہے جو سوشلزم کی تحریک کے پیچھے کارل مارکس کی پیدائش سے پہلے بھی کارفرما تھیں، ان کا مخالف میں آج بھی نہیں ہوں۔

اسٹالن کی سوانح عمری پر کمیونسٹوں کو اعتراض یہ تھا کہ اس میں اسٹالن کے مقابلے میں ٹراٹسکی کو بڑھایا گیا ہے۔ دراصل یہ بھی کتابیں میں نے ناقص معلومات کی بنا پر اور کسی خاص غور و فکر کے بغیر لکھی تھیں۔ ان میں سے ایک کا انتساب ان لوگوں کے نام تھا جو دنیا کو اپنی خواہشات کے سانچے میں ڈھالتے ہیں۔ ظاہر ہے کہ اس قسم کا رومانی زاویۂ فکر کسی بھی ازم سے کوئی تعلق نہیں رکھتا۔ ایک میں ہی کیا اُن دنوں بیشتر لکھنے والے ہر اُس شخص کو مہاپرش مان لیتے تھے جو کوئی بڑا کام کر گزرے:

چو از دستِ تو کارِ نادر آید
گناہے ہم اگر باشد ثواب است (اقبالؔ)

لوگ محمدؐ، کرشن، نانک اور کارل مارکس کا نام ایک ہی سانس میں لیا کرتے تھے اور انھیں مطلق احساس نہیں ہوتا تھا کہ کارل مارکس کی شخصیت اور باقی شخصیتوں میں بنیادی تضاد ہے۔

انہی دنوں میں نے "انقلابی افسانے" کے عنوان سے بھی ایک مجموعہ ترتیب دیا تھا جس میں مختلف انقلابیوں کی جرأت مندی اور جانبازی کی داستانیں درج تھیں۔ یہ کتاب میں نے خود ہی شائع کی تھی اور ظاہر ہے کہ مجھے کتب فروشی کا کوئی تجربہ نہیں تھا لیکن خوش قسمتی سے کچھ اسکولوں

کے ماسٹر میرے کرم فرما تھے اور ان دنوں یہ عام رواج تھا کہ لائبریری کے لیے ایک سے زائد جلدیں جن کی تعداد بسا اوقات چالیس پچاس تک بھی پہنچ جاتی تھی، خرید لی جاتی تھیں۔ اس طرح کتاب کے قابلِ اعتراض موضوع کے باوجود کوئی ڈیڑھ سو کے قریب جلدیں اسکولوں کی لائبریریوں میں چلی گئیں۔ باقی جلدیں مشہور سوشلسٹ لیڈر مبارک ساغر نے یکمشت خرید لیں۔ اس طرح اپنی ناتجربہ کاری کے باوجود مجھے کافی رقم مل گئی۔

ادبی حلقوں کے ساتھ بھی میرا ربط ضبط بڑھ رہا تھا۔ احسان دانش نے میرا تعارف مولانا تاجور سے جنھیں بعد میں شمس العلماء کا خطاب ملا، کرایا۔ غالباً تیسری یا چوتھی ملاقات میں مولانا نے مجھے مشورہ دیا کہ میں ان کے ادبی جریدے "شاہکار" کی ادارت سنبھال لوں۔ یہ پیش کش میرے لیے نعمت سے کم نہیں تھی اور میں نے اسے شکر گزاری کے ساتھ قبول کر لیا۔

"شاہکار" میں میری تنخواہ صرف تیس روپے تھی لیکن دفتر میں میرے لیے باقاعدہ حاضری ضروری نہیں تھی۔ میری ذمہ داری صرف اتنی تھی کہ پرچہ مرتّب کر کے اسے بروقت شائع کر دوں۔ "شاہکار" کے بیشتر مضمون نگار ایسے تھے جن کی تحریروں پر نظرِ ثانی کی ضرورت نہیں ہوتی تھی۔ خانہ پُری کے لیے ہر وقت ابو محمد امام الدین رام نگری کے مضمون موجود رہتے تھے جو آٹھ آنے فی صفحہ کے حساب سے چھپتے تھے۔ ابو محمد امام الدین کے علاوہ آسی رام نگری کے مضامین بھی انہی شرائط پر چھپتے تھے۔ ان دونوں حضرات کے بھیجے ہوئے بیشتر مضامین ہندی جرائد سے ترجمہ شدہ ہوتے تھے۔ ان کی طرف سے یہ اجازت بھی تھی کہ یہ مضامین کسی بھی نام سے شائع کیے جا سکتے ہیں۔ اگر کسی ماہ مضامین کی قلّت ہوتی تو ان حضرات کے متعدد مضامین مختلف ناموں سے شائع کر دیے جاتے۔ جن ناموں سے مضامین چھپتے وہ زیادہ تر فرضی ہوتے۔ لیکن کئی بار ایسا بھی ہوا کہ مولانا تاجور نے کسی کو نوازنا چاہا تو مضمون اس کے نام پر شائع کر دیا۔ ادارتی نوٹ مختصرات کے عنوان سے مولانا خود لکھا کرتے تھے لیکن مجھے ہدایت تھی کہ اگر بروقت یہ مجھے نہ ملیں تو میں خود ہی لکھ دیا کروں۔

مجھے ملازم رکھتے وقت مولانا نے یہ وعدہ بھی فرمایا تھا کہ تنخواہ کے علاوہ مجھے منافع میں بھی ۲۵ فیصدی کا شریک سمجھا جائے گا لیکن جتنے دن میں وہاں رہا، مولانا کے بیان کے مطابق

پرچے میں خسارہ ہی ہوتا رہا۔ جہاں تک میرا تعلق ہے میں نے نہ تو ان کے وعدے پر کبھی سنجیدگی سے بھروسہ ہی کیا اور نہ کبھی انھیں اس کی یاد دہانی کرائی۔

تنخواہ کی کمی کے مسئلے کا حل بھی جلد ہی نکل آیا۔ "شاہکار" کے دفتر کے نزدیک ہی ایک مکان پر "جگت لکشمی" کا سائن بورڈ نظر آیا۔ یہ ایک ہفت روزہ فلمی جریدہ تھا جسے کرن دیوان جو آگے چل کر فلمی ہیرو بنے اور اب چھوٹے موٹے رول ادا کرتے ہیں، نکال رہے تھے۔ کرن دیوان سے ملاقات ہوئی تو پتہ چلا کہ انھیں کسی ایسے آدمی کی ضرورت ہے جو ان کے اخبار کے لیے ایڈیٹوریل وغیرہ لکھ دیا کرے۔ میں نے تیس روپے ماہوار پر یہ ذمہ داری قبول کرلی۔

"جگت لکشمی" باقاعدہ نہیں نکلتا تھا اور کرن دیوان اکثر مالی مشکلات میں مبتلا رہتے تھے مجھے تنخواہ بھی باقاعدگی سے نہیں ملتی تھی اور اوسطاً بیس پچیس روپے ماہوار ہی پڑتے تھے لیکن دفتر کو کرن دیوان خوب سجا کر رکھتے تھے۔ میں اپنا زیادہ وقت وہیں گزارتا تھا اور "شاہکار" کا کام بھی وہیں بیٹھ کر کرتا تھا ملنے والوں کا بھی جو اکثر "شاہکار" کے سلسلے میں آتے تھے، وہیں جمگھٹا رہتا۔

مولانا تاجور کا سلوک میرے ساتھ بہت مشفقانہ تھا۔ انھوں نے قارئینِ "شاہکار" سے میرا تعارف بہت اچھے لفظوں میں کرایا اور میری نثر اور میری شاعری کی دل کھول کر تعریف کی۔ صرف یہی نہیں بلکہ ایک مرتبہ تو انھوں نے میرے ایک شعر:

مجھے زندگی کی دعا دینے والے
ہنسی آرہی ہے تری سادگی پر

پر اچھا خاصا مضمون لکھ دیا۔ میرا یہ شعر زبان زدِ خاص و عام ہے اور میرا خیال ہے کہ اس کی مقبولیت میں مولانا کی تحریر کو بڑا دخل ہے۔

ادارتی معاملات میں بھی انھوں نے مجھے پوری آزادی دے رکھی تھی۔ میرا نام پرچے پر مدیر معاون کی حیثیت سے چھپتا تھا۔ لیکن مضمون نگاروں کو خطوط میں اپنے ہی نام سے لکھتا تھا اور مضامین ردیا قبول کرنے کا بھی مجھے پورا اختیار تھا۔ اس سلسلے میں ایک دو بار مولانا نے بڑی کشادہ دلی کا مظاہرہ کیا۔

ابو محمد امام الدین رام نگری نے اپنے ایک مضمون میں اردو میں لکھنے والے ہندوؤں کی اس

روش پر اعتراض کیا تھا کہ وہ اپنی تحریروں میں ہندی اور سنسکرت کے لفظوں کا بہت زیادہ استعمال کرتے ہیں اور اسے انھوں نے اُردو کی درپردہ تخریب کا نام دیا تھا۔ میں نے اپنی طرف سے اس کے نیچے نوٹ لکھ دیا کہ اگر مسلمانوں کو اُردو میں عربی اور فارسی کے الفاظ استعمال کرنے کا حق ہے تو ہندوؤں کو سنسکرت کے لفظ استعمال کرنے کا حق کیوں نہیں ؟ مسلمان اپنی تحریروں میں آیات استعمال کر سکتے ہیں اور ہندو سنسکرت کے اشلوک، ہمارے نزدیک اُردو ایک ایسی زبان ہے جس میں پنڈت اور مولوی دونوں ہی اظہارِ خیال کر سکیں۔ یہ نوٹ شائع ہوا تو ابو محمد امام الدین صاحب نے مولانا کو کئی احتجاجی خط لکھے لیکن ہر بار مولانا نے انھیں یہی جواب دیا کہ ایڈیٹر گوپال مِتّل ہے، میں نہیں ؟ آپ کو جو کچھ لکھنا ہے اسی کو لکھیے۔

مولانا کا دل مذہبی اور علاقائی تعصب سے بالکل پاک تھا۔ پنجاب میں اُردو کے فروغ میں ان کا حصہ شمس العلماء مولوی محمد حسین آزاد کے بعد غالباً سب سے زیادہ ہے۔ ان کے دوستوں اور نیاز مندوں میں مسلمانوں سے کہیں زیادہ ہندو اور سکھ تھے اور یوپی والوں سے کہیں زیادہ پنجابی۔ ایک بار اپنے ایک نوٹ میں اُردو کے پنجابی اہلِ قلم کے متعلق انھوں نے کچھ سخت باتیں لکھ دیں۔ یہ نوٹ مجھے ملا تو میں نے احتجاج کیا کہ جس پرچے کا مدیر معاون پنجابی ہو اس پرچے میں یہ تحریر شائع نہیں ہونی چاہیے۔ مولانا کا فوراً جواب ملا کہ آپ پرچے کے ایڈیٹر ہیں اور میں آپ کا مضمون نگار، آپ کو میری تحریر مسترد کرنے کا بھی حق ہے اور اس میں ترمیم کا بھی۔

دفتری امور کے سلسلے میں مولانا سے کچھ زیادہ ملنا نہیں ہوتا تھا لیکن اس کا یہ مطلب نہیں کہ میں ان کے فیضانِ صحبت سے محروم رہا۔ جب بھی کوئی اہم ادیب اُن سے ملنے آتا وہ مجھے بُلا لیتے تھے اور غروبِ آفتاب کے بعد بھی کئی بار میں ان سے ملنے چلا جاتا تھا۔ اگر میں یہ اعتراف نہ کروں تو بہت بڑی ناشکر گزاری ہوگی کہ میرے ادبی ذوق کی نشوونما میں ان صحبتوں کو بڑا دخل ہے۔

مولانا دھڑلے کے آدمی تھے اور ظاہر ہے کہ ایسا آدمی دوستوں کے ساتھ دشمن بھی بناتا ہے اور دشمن دوستوں سے زیادہ با اصول اور سرگرم ہوتے ہیں۔ ان کے سب سے بڑے حریف حفیظ جالندھری تھے اور دونوں میں ہمیشہ چپقلش رہی۔ لاہور کے تقریباً سبھی ادیب اور شاعر

ان میں سے کسی ایک کے دوست اور دوسرے کے دشمن تھے۔ میں ان معدودے چند لوگوں میں تھا جن کے ان دونوں کے ساتھ دوستانہ مراسم رہے۔ یاد پڑتا ہے کہ جب میں نے "شاہکار" کی ملازمت اختیار کی تو اس کے بعد پہلی ہی ملاقات میں حفیظ نے پوچھا تھا "تم وہاں بیٹھ کر میری بُرائی کرتے ہوگے؟" جواب میں میں نے کہا تھا "کیا کبھی میں نے تمھارے سامنے تاجور کی بُرائی کی ہے؟" میرے اس جواب نے انھیں مطمئن کر دیا تھا اور واقعہ یہ ہے کہ میں نے یہ اُصول بنائے رکھا کہ ان کی باہمی چپقلش سے الگ رہ کر دونوں ہی کے ساتھ اپنے نیازمندانہ تعلقات قائم رکھوں۔

مولانا تاجور نے اپنی زندگی میں کئی ادبی کارنامے انجام دیے۔ انھوں نے ادبی مرکز کی طرح ڈالی جس کے پیشِ نظر اُردو ادب کے فروغ اور اشاعت کا ایک اہم باشان پروگرام تھا اور اس کے لیے اُردو کے نامور ترین ادیبوں اور شاعروں کا تعاون حاصل کرنے ہی میں وہ کامیاب نہیں ہوئے بلکہ انھوں نے سرمائے کا انتظام بھی کر لیا۔ "ادبی دُنیا" اور "شاہکار" کا اجرا بجائے خود تاریخی اقدام تھے لیکن جیسا کہ انھیں خود اعتراف تھا، اپنے پروگراموں کو کامیابی کی منزل تک پہنچانے میں وہ خاطر خواہ کامیاب نہیں ہوسکے۔ اس کی وجہ غالباً یہ تھی کہ ان میں انتظامی اور کاروباری سوجھ بوجھ کچھ زیادہ نہیں تھی۔ وہ اپنے رفیقوں اور کارکنوں سے بھی نالاں ہی رہے لیکن میرے خیال میں اس بات کے ڈانڈے ان کے مزاج کے اسی پہلو سے ملتے تھے۔ مولانا ضرورت سے زیادہ امید پرست تھے جب کامیابی کے امکانات سے سرشار ہوتے تو اس سرشاری میں اپنے کارکنوں کو بھی شریک کر لیتے نتیجہ چونکہ توقعات سے ہمیشہ کم نکلتا تھا اس لیے کارکن مولانا کے حسنِ سلوک کے باوجود شکستِ طلسم کے بعد دل برداشتہ ہو جاتے تھے۔ اور یہ بے دلی ان کی صلاحیتِ کار کو سلب کر لیتی تھی۔ غالباً میرا ان کا نباہ اسی لیے ہو گیا کہ میں ان کی اس شاعرانہ افتادِ طبع کو ملحوظ رکھ کر حالتِ موجودہ پر ہی قناعت کیے رہتا تھا اور مستقبل کی خوش آئند توقعات کی سرشاری کو اپنے دل و دماغ پر مسلط نہیں ہونے دیتا تھا۔

مجموعی طور پر مولانا کا یہ بیان صحیح ہے کہ جن لوگوں نے ان کی ملازمت کی وہ ان کی ملازمت چھوڑنے کے بعد گردشِ روزگار کا شکار ہی رہے۔ خدا کا شکر ہے کہ میرا شمار ان لوگوں میں نہیں۔ لیکن میں ان سے لڑ کر الگ نہیں ہوا تھا۔ ملازمت کا تعلق ختم ہونے کے بعد بھی وہ مجھے اپنے نیازمندوں

کے زمروں میں شمار کرتے رہے اور میرے دل میں بھی آج تک ان کے لیے ویسا ہی احترام موجود ہے۔

کرن دیوان کے ساتھ بھی میرا نباہ اچھا ہوا۔ میں ان کی مالی مشکلات سے آگاہ تھا اس لیے جس ماہ وہ مجھے پوری تنخواہ نہیں دے سکتے تھے میں کوئی احتجاج نہیں کرتا تھا۔ "جگت لکشمی" سے وابستگی کا سب سے بڑا فائدہ مجھے یہ تھا کہ ایک آراستہ کمرہ اٹھنے بیٹھنے کے لیے میسر آگیا سینما کے پاس PASS بھی مجھے مل جاتے تھے۔ خود بھی دیکھتا اور کئی بار اپنے ادیب دوستوں کو بھی ساتھ لے جاتا۔ ادارتی صفحات پر مجھے اجارہ داری حاصل تھی۔ دوستوں کے حق میں اور دشمنوں کے خلاف جو چاہتا لکھ دیتا۔ صرف فلمی معاملات میں مجھے کرن دیوان کی مصلحتوں کا ساتھ دینا ہوتا تھا۔

پنجاب کانگرس میں ان دنوں دو دھڑے تھے۔ ایک ڈاکٹر گوپی چند کا ایک ڈاکٹر ستیہ پال کا۔ ڈاکٹر ستیہ پال کے دھڑے کے کچھ حضرات بالخصوص لالہ کیدار ناتھ سہگل جو سیاہ پوش جرنیل کے نام سے مشہور تھے، میرے دوست تھے۔ چنانچہ میں "جگت لکشمی" میں ڈاکٹر ستیہ پال کے حق میں اور ڈاکٹر گوپی چند کے خلاف اکثر لکھا کرتا تھا۔ ایک بار کیدار ناتھ سہگل کے ساتھ ڈاکٹر ستیہ پال سے ملاقات ہوئی اور انھوں نے "جگت لکشمی" سے میری وابستگی کا ذکر کیا تو ڈاکٹر صاحب کہنے لگے "متل صاحب جس اخبار میں آپ ہیں، اس میں میرے خلاف اتنی گندی باتیں کیوں چھپتی ہیں؟" تفصیل معلوم ہوئی تو پتہ چلا کہ مجھ سے پہلے "جگت لکشمی" کے ایڈیٹوریل ایک صاحب موراج نندن تھے۔ لالہ کیدار ناتھ نے ڈاکٹر صاحب سے نئی صورتِ حال کا ذکر کیا تو بڑے خوش ہوئے اور اس کے بعد اُن سے ملاقاتوں کا سلسلہ شروع ہو گیا۔ لیکن یہ چھوٹے اخباروں کی اس ادارتی بوالعجبی کا ایک اور ثبوت تھا کہ ان میں بالکل متضاد قسم کی باتیں چھپنے پر نہ تو اخبار کے مالکوں کو کوئی حیرت ہوتی ہے اور نہ اس کے پڑھنے والوں کو۔ لکھنے والا خواہ اپنے جی میں کچھ ہی سمجھتا رہے لیکن پڑھنے والا فلمی جرائد میں صرف ایکٹریسوں کی تصویروں اور ان کی زندگی کے متعلق رسوا کُن افواہوں کے سوا اور کسی چیز کو مستحق توجہ نہیں سمجھتا۔

فلمی جرائد میں یہ عام رواج ہے کہ افسانے اور نظمیں وغیرہ ادبی جرائد سے بے تکلف نقل کر لی جاتی ہیں۔ "جگت لکشمی" میں بھی یہی ہوتا تھا۔ اور ادیبوں کو اس پر کوئی اعتراض نہیں ہوتا تھا بلکہ وہ

اُلٹا خوش ہوتے تھے کہ انھیں مزید شہرت مل رہی ہے۔ کرشن چندر میرے دوست تھے۔ ان کا ہر افسانہ میں "جگت لکشمی" میں نقل کر دیا کرتا تھا۔ ایک بار اُنھوں نے 'قبر' کے عنوان سے ایک افسانہ لکھا۔ میں نے اس افسانے کو 'سچی کہانی' کے نام سے شائع کر دیا اور کچھ ضمنی عنوان بھی قائم کر دیے۔ بس روز "جگت لکشمی" کا یہ شمارہ شائع ہوا اس کے دوسرے تیسرے دن کرشن چندر اور کنھیا لال کپور سے ملاقات ہوئی تو کپور بُری طرح برہم تھے۔ ہوا یہ تھا کہ کرشن چندر نے کہانی میں ان کا ہی نہیں بلکہ ان کے گاؤں کا نام بھی لکھ دیا تھا۔ یہ کہانی "سچی کہانی" کے نام سے شائع ہوئی تو پروفیسر صاحب کی ان کے رشتہ داروں اور جاننے والوں میں کافی رسوائی ہوئی۔ بہر حال کپور کا غصہ دیر پا نہیں تھا اور وہ جلد ہی مَن گئے۔ کہنے لگے کہ جب میں نے یہ پرچہ دیکھا تو پہلے جی میں آئی کہ اس کی تمام کاپیاں خرید کر جلا ڈالوں لیکن پھر سوچا کہ اس سے تو "جگت لکشمی" کو اُلٹا فائدہ پہنچے گا۔ مقدمے کی سوجھی تو خیال آیا کہ اور رسوائی ہو گی تمھیں پیٹ اس لیے نہیں سکتا کہ مجھ سے طاقتور ہو لہٰذا معاف ہی کیے دیتا ہوں۔

"شاہکار" سے وابستگی میرے لیے اس اعتبار سے بہت اہم تھی کہ اب ادبی دنیا کے ساتھ میرا باقاعدہ تعلق قائم ہو گیا۔ میں نے ایک اصول سا بنا لیا تھا کہ بے طلب اپنا کلام کہیں نہیں بھیجتا تھا۔ کرشن چندر نے میرا تعارف "ادبِ لطیف" کے مالکوں چودھری نذیر اور چودھری برکت علی مرحوم سے کرایا تو ان کی طرف سے کلام کی فرمائش ہوئی۔ میری پہلی نظم "ادبِ لطیف" کے سالنامے میں چھپی اور میرا فوٹو بھی اس میں شائع ہوا۔ ایک غزل کرشن چندر ہی "ادبی دنیا" کے لیے دے آئے جسے میراجی نے نمایاں طور پر شائع کیا۔ یہ غزل بھی سالنامے ہی میں شائع ہوئی اور میراجی نے اداریے کالم میں اس کا ذکر بھی کیا۔ ایک غزل راجندر سنگھ بیدی نے مجھ سے لے کر "ساقی" دہلی کو بھیج دی، جو وہاں بھی نمایاں طور پر شائع ہوئی۔ چودھری نذیر کے ساتھ تو کرشن چندر، کنھیا لال کپور اور راجندر سنگھ بیدی ہی کی وجہ سے باقاعدہ ملاقاتیں ہونے لگیں اور "شاہکار" کے علاوہ "ادبِ لطیف" میں بھی میرا کلام تقریباً باقاعدگی سے شائع ہونے لگا۔

"شاہکار" سے وابستگی سے کچھ ہی پہلے میں نے کچھ فرانسیسی افسانوں کو اردو کے قالب

میں ڈھال دیا تھا۔ ہندوستانی ماحول کے مطابق میں نے ان کے پلاٹ میں بھی کچھ تبدیلی کر دی تھی اور عنوان بھی بدل دیے تھے۔ میں نے انھیں جمع کر کے چودھری نذیر کو دے دیا جسے انھوں نے "پھول اور کانٹے" کے نام سے مکتبۂ ادبِ لطیف سے شائع کر دیا۔ اس پر مولانا تاجور نے تقریظ بھی لکھ دی۔ جس میں انھوں نے میری نظم و نثر کی کافی تعریف کی تھی۔ اس کے ساتھ ہی انھوں نے یہ بھی لکھا کہ میں اگر چاہتا تو ان افسانوں کو طبع زاد کہہ کر پیش کر سکتا تھا لیکن میرے اس اعتراف نے کہ یہ افسانے اوریجنل نہیں ترجمہ ہیں، مجھے ان تمام افسانہ نگاروں سے ممتاز کر دیا ہے جو پڑھنے والوں کی "ہمہ رس بے خبری" پر بھروسہ کر کے ترجمہ شدہ افسانوں کو اوریجنل کی حیثیت سے پیش کر دیتے ہیں۔

یہ کام ان دنوں کافی وسیع پیمانے پر ہوتا تھا اور قاضی عبدالغفار اس سلسلے میں خصوصیت سے بدنام تھے۔ باقی افسانہ نگار بھی دوسرے افسانہ نگاروں کی متاعِ فکر کو اپنا مال سمجھنے میں کوئی عار محسوس نہیں کرتے تھے اور موپساں ان کا ہدفِ خصوصی تھا۔ مجھے یاد پڑتا ہے کہ ایک مرتبہ کرشن چندر نے موپساں کے ایک افسانے کی مجھ سے بڑی تعریف کی تھی۔ اس کا پلاٹ کچھ اس قسم کا تھا کہ مہاجرین کا ایک قافلہ سرحد کو عبور کرنا چاہتا ہے لیکن سرحد پر جو افسر متعین ہے وہ قافلے کو سرحد پار کرانے کی قیمت طلب کرتا ہے۔ قیمت یہ ہے کہ قافلے کی ایک لڑکی اپنی عزت اسے دے دے۔ قافلے والے ایثار اور قربانی کے نام پر لڑکی کو ایسا کرنے پر آمادہ کر لیتے ہیں۔ لیکن جیسے ہی سرحد پار ہو جاتی ہے وہ اس "آبرو باختہ" لڑکی سے حقارت کا سلوک شروع کر دیتے ہیں۔ میں اور کرشن چندر کئی دن تک اس افسانے کا ذکر کرتے رہے پھر بات آئی گئی ہو گئی۔ لیکن ایک دن کرشن چندر نے مجھے اپنا تازہ افسانہ سُنایا جس کا عنوان غالباً "پنڈارے" تھا۔ اس کے اور موپساں کے افسانے کے پلاٹ میں نمایاں مشابہت تھی۔

دیوندر ستیارتھی اس سلسلے میں ایک بار بے قصور ہی مارے گئے۔ ان کی یہ دیرینہ عادت ہے کہ وہ دوستوں کی بات چیت میں سے افسانے کا پلاٹ ڈھونڈنے کی کوشش کرتے ہیں اور اس کی تشکیل کے معاملے میں بھی جہاں کہیں سے ممکن ہو استفادہ کرنے سے گریز نہیں کرتے۔ ان کی اس عادت کے پیشِ نظر کنھیا لال کپور، ہنس راج رہبر اور پرکاش پنڈت نے ان کے خلاف

ایک ایسی سازش کی جس نے انھیں بری طرح رُسوا کیا۔

ایک دن علی الصبح ستیارتھی کنھیا لال کپور کے گھر پہنچے تو کپور نے چائے وغیرہ سے ان کی خاص طور پر تواضع کی اور چائے نوشی کے دوران میں برسبیل تذکرہ یہ بھی کہا کہ رات ان کے ذہن میں ایک پلاٹ آیا ہے اگر وہ افسانہ نگار ہوتے تو ضرور افسانہ لکھتے۔ ستیارتھی کے اصرار پر انھوں نے بتایا کہ پلاٹ کچھ اس قسم کا ہے کہ ایک کوچوان کا جوان لڑکا مر جاتا ہے وہ غم کا بوجھ ہلکا کرنے کے لیے کسی ہمدرد کی تلاش میں ہے جو اسے نہیں ملتا۔ ستیارتھی یہ سن کر پھڑک اُٹھے اور افسانہ لکھنے پر آمادہ ہو گئے۔ وہاں سے اٹھ کر ستیارتھی پرکاش پنڈت سے ملے۔ اس نے بھی ان کی خوب آؤ بھگت کی اور سرسری طور پر پوچھا کہ کیا کوئی نیا افسانہ لکھ رہے ہو۔ ستیارتھی نے پلاٹ کا ذکر کیا تو پرکاش پنڈت کہنے لگے کہ ہاں پلاٹ تو خوب ہے۔ اسے آگے بڑھانا بھی کچھ مشکل نہیں مثلاً یہ کہ کوچوان اپنے بیٹے کی موت کا ذکر اپنے تانگے کی سواریوں سے کرنا چاہتا ہے لیکن وہ اس بات پر توجہ نہیں دیتیں۔ سوال افسانے کے اختتام کا رہ جاتا ہے، یعنی یہ کہ کوچوان اپنا غم کسے سُناتا ہے اور اس کا ہمدرد کون بنتا ہے۔ ظاہر ہے کہ افسانہ تم لکھ رہے ہو، پس نہیں اس لیے اختتام تمھیں کو ڈھونڈنا ہوگا۔

شام کو ستیارتھی نے کنھیا لال کپور اور پرکاش پنڈت سے حاصل کردہ مواد ہنس راج رہبر کو سُنایا اور اختتام پر بحث ہونے لگی۔ رہبر دریائے فکر میں ڈوب گئے اور پھر یکایک پکارے کہ ہو تی انھیں مل گیا ہے۔ کوچوان اپنا غم گھوڑے کے کان میں کہتا ہے۔ ستیارتھی پھڑک اُٹھے۔ اب افسانہ مکمل ہو گیا تھا اور صرف اسے لفظوں کا جامہ پہنانا باقی تھا جو ان کے لیے چنداں دشوار نہیں تھا۔

افسانہ لکھ کر ستیارتھی نے مجلسِ اربابِ علم میں سُنایا جہاں لکھنے والوں کی بُری طرح گت بنتی تھی۔ انھوں نے افسانہ ختم کیا ہی تھا کہ چاروں طرف سے اُن پر چوری کا الزام لگنے لگا۔ ستیارتھی نے قدرتی طور پر پُرزور احتجاج کیا لیکن اعتراض کرنے والوں نے ثابت کر دیا کہ جس افسانے کو انھوں نے اپنا کہہ کر سُنایا ہے وہ اصل میں چیخوف کی تصنیف ہے۔ ستیارتھی سمجھ گئے کہ ان کے دوستوں نے ان کے ساتھ زیادتی کی ہے۔ وہ چور نہ سہی لیکن چوری کا مال برآمد تو انہی

کی جھولی سے ہوا تھا۔

جلسہ گاہ سے باہر نکلے تو ستیارتھی کے سامنے مسئلہ یہ تھا کہ اپنا غصّہ کس پر اُتاریں؟ کپور مزاح ہی نہیں بلکہ بُری بھلی تنقید بھی لکھتے تھے۔ ویسے بھی وہ کارآمد تھے لہٰذا اُنھیں معافی دے دی گئی۔ پرکاش پنڈت کی افادیت کچھ زیادہ نہ سہی لیکن وہ مُنہ پھٹ بہت تھے۔ ایک کی دو سُناتے لہٰذا ان کے معاملے میں بھی درگزر ہی سے کام لیا گیا۔ اب لے دے کے ہنس راج رہبر رہ جاتا تھا۔ نزلہ بر عضوِ ضعیف می ریزد کے مقولے پر عمل کرتے ہوئے ستیارتھی نے انہی کے گھر کا رُخ کیا۔ رہبر کے وہ اڑھائی روپے کے مقروض تھے، غالباً اس سے کمیونسٹ پارٹی کا لٹریچر خریدتے رہے تھے۔ جاتے ہی پہلا کام یہ کیا کہ اڑھائی روپے کا یہ قرض ادا کر دیا اور اس طرح اپنی مساویانہ حیثیت قائم کرنے کے بعد اپنا سارا غصّہ ان پر جھاڑ کر واپس آ گئے۔

ستیارتھی اور دوسرے افسانہ نگاروں میں چپقلش ہوتی رہتی تھی۔ منٹو اور اپیندر ناتھ اشک نے ستیارتھی کے خلاف افسانے لکھے اور ستیارتھی نے ان کے خلاف۔ اس میں صرف معاصرانہ چشمک ہی کو دخل نہیں تھا بلکہ اس میں ایک دوسرے کی عادات سے نفرت بھی شامل تھی۔ ایک واقعہ مجھے یاد ہے۔

منٹو اپنی بیوی کے ساتھ مکتبۂ اُردو میں بیٹھے ہوئے تھے۔ اتّفاق سے میں اور دیوندر ستیارتھی بھی وہاں پہنچ گئے۔ منٹو کی گفتگو بہت دلچسپ ہوتی تھی۔ اس کے ساتھ کافی دیر تک بات چیت ہوتی رہی۔ بلس اس کے حُسنِ نگارش کا مدّاح تھا اس لیے بولنے کا زیادہ موقع میں نے اسی کو دیا۔ اگرچہ اس کا یہ مطلب نہیں کہ گفتگو یک طرفہ تھی۔ ادھر ستیارتھی کی ساری توجہ مسز منٹو پر مرکوز تھی۔ وہ اسے ہر زاویے سے دیکھ رہے تھے اور رابطۂ ہمکلامی قائم کرنے میں کوشاں تھے۔ اسے ان کی باتوں میں کوئی خاص دلچسپی نہیں تھی اور وہ ہوں ہاں کر کے ہی ٹالتی رہی۔

منٹو کی بے باکی کے قصّے بہت مشہور رہے ہیں اور ان کے بعض نوجوان مدّاح تو یہاں تک کہتے ہیں کہ اگر کوئی لڑکی انھیں بھا جاتی اور وہ کر منٹو طلب کر لیتی تو وہ فوراً ہی اس کی حویلی کا نمبر پوچھ لیتے لیکن ستیارتھی کا رویّہ انھیں سخت ناگوار ہوا۔ بعد میں مجھ سے اس کی اپنی کیبٹ سے

نا واقفیت کی شکایت کرتے رہے۔ اور میری خوش اطواری کی بڑی تعریف کی۔

ستیارتھی کے خلاف لطیفے گھڑنے میں ادیب واقعی ریاض کرتے تھے۔ ایک بار جب انھوں نے داڑھی منڈوادی تو یہ مشہور کر دیا گیا کہ داڑھی ستیارتھی نے منڈوائی نہیں بلکہ ان کی فراڈیت سے نالاں کسی شخص نے مونڈ ڈالی ہے۔ ایک صاحب تو اس موضوع پر افسانہ بھی لکھنا چاہتے تھے لیکن اپنی کاہلی کے سبب اس ارادے کو عملی جامہ نہ پہنا سکے۔

انہی دنوں منوّر لکھنوی اور آفتاب پانی پتی سے پہلی بار ملاقات ہوئی۔ میسرز رام دتّہ اینڈ سنز نے منوّر صاحب کے والد جناب افق مرحوم کی کچھ کتابیں، جن میں رامائن اور مہابھارت کے ترجمے بھی شامل تھے، شائع کی تھیں۔ منوّر صاحب چاہتے تھے کہ ان کے نئے ایڈیشن شائع کیے جائیں اور اسی سلسلے میں وہاں گئے تھے۔ اتّفاق سے میں بھی وہاں موجود تھا۔ فرم کے مالک لالہ رام پرشاد نے میرا اُن سے تعارف کرا دیا۔

ان دونوں حضرات سے یہ میری پہلی ملاقات تھی لیکن تعارف کے فوراً ہی بعد پتہ چلا کہ وہ مجھ سے بہت خفا ہیں۔ انھیں شکایت تھی کہ مسلمان تو انھیں نظر انداز کرتے ہی ہیں لیکن میں ہندو ہو کر بھی انھیں نظر انداز کر رہا ہوں۔ یہ الزام میرے لیے کافی دلچسپ تھا۔ ان دونوں میں سے کسی صاحب کی کوئی چیز "شاہکار" میں آئی ہی نہیں تھی کہ میں اسے مسترد کرتا، خیر جیسا کہ ایڈیٹروں کا عام شیوہ ہوتا ہے میں نے آئندہ محتاط رہنے کا وعدہ کیا اور چند ادھر اُدھر کی باتیں کرنے کے بعد وہاں سے اُٹھ آیا۔

جہاں تک "شاہکار" کی عام پالیسی کا تعلق ہے اس پر یہ الزام تو لگ سکتا تھا کہ وہ غیر مسلم لکھنے والوں کو زیادہ اہمیت دے دیتا ہے، یہ شکایت کسی نے بھی نہیں کی تھی کہ اس کے خلاف بر بنائے مذہب امتیاز برتا جاتا ہے۔ ادارت کے لیے میرا تقرر بجائے خود مولانا تاجور کی بے تعصبی کا ثبوت تھا۔ مجھ سے پہلے پنڈت میلا رام وفا "ادبی دنیا" کے زمانے میں مولانا کے نائب رہ چکے تھے جنھیں انھوں نے اپنی طرف سے لسان الاعجاز کا لقب دیا تھا اور ان کے حق میں اتنا مؤثر پروپیگنڈا کیا تھا کہ مولانا ظفر علی خاں کے قلم سے بھی، جو ہندوؤں کے خلاف

شمشیر کی طرح چلتا تھا، یہ مصرعہ نکل گیا تھا:

شعر کہنے کا سلیقہ سیکھ میلا رام سے

اسی طرح اودے سنگھ شائق اور کرپال سنگھ بیدار کو بھی اوپر اٹھانے میں مولانا نے ایڑی چوٹی کا زور لگا دیا تھا۔ اودے سنگھ شائق کو مولانا لسان العصر لکھتے تھے اور کرپال سنگھ بیدار مولانا کی تعریف سے اتنے متاثر ہوئے تھے کہ اپنے آپ کو اقبال کا مدِ مقابل ہی نہیں بلکہ ان سے نسبتاً بہتر شاعر ہی سمجھتے تھے۔ مولانا نے کسی موڈ میں ان کے متعلق کہہ دیا تھا کہ اقبال کے کلام میں کچاپن ہوتی ہے لیکن بیدار کے کلام میں پختگی ہے۔ بیدار صاحب نے اسے ان کی ناقدانہ رائے سمجھ لیا اور خلوصِ دل سے اس پر ایمان لے آئے۔

غیر مسلم شاعروں کے خلاف امتیاز برتنا تو کجا مولانا تو ہمیشہ اس کوشش میں رہتے تھے کہ انھیں ڈھونڈ ڈھونڈ کر سامنے لایا جائے۔ میرا خیال ہے کہ پنڈت ہری چند اختر کو چھوڑ کر ایک بھی اچھا لکھنے والا ہندو یا سکھ نہیں تھا جس کا تعاون "شاہکار" کو حاصل نہ ہوا اور پنڈت ہری چند اختر کے معاملے میں بھی جو چیز دیوار بن گئی تھی وہ ان کا مذہب نہیں تھا بلکہ مولانا تاجور اور جناب حفیظ جالندھری کی غیر مختتم جنگ تھی۔ حفیظ کے حق میں اور مولانا کے خلاف اختر اپنے قلم اور اپنی زبان دونوں کا وافر استعمال کرتے تھے۔ نہ ان سے کبھی کوئی چیز طلب کی گئی اور نہ انھوں نے کبھی بھیجی۔ ویسے "شاہکار" سے یہ شکایت انھیں کبھی نہیں ہوئی کہ وہ غیر مسلم اہلِ قلم کو نظر انداز کرتا ہے، بلکہ انھیں تو یہ شکایت تھی کہ "شاہکار" متشاعر قسم کے ہندوؤں اور سکھوں کو بھی شاعر بنا ڈالتا ہے۔

لکھنے والوں کو اکثر اپنی صلاحیتوں کا مبالغہ آمیز احساس ہوتا ہے اور وہ اس واہمے میں مبتلا ہوتے ہیں کہ دنیا نے ان کی ایذا رسانی کے لیے کوئی سازش کر رکھی ہے۔ جو ناکام ادیب غیر مسلم ہوتے ہیں انھیں اپنی ناکامی میں مسلمانوں کی سازش نظر آتی ہے۔ مسلمان ادیب اپنی ناکامی کا باعث فرقہ پرستی کو قرار نہیں دے سکتے لیکن اس کا مطلب یہ نہیں کہ وہ کچھ کم شاکیِ زمانہ ہوتے ہیں۔ جو شاعر اور ادیب ادبی مراکز سے دور ہوتے ہیں انھیں اکثر یہ شکایت لاحق رہتی ہے کہ مرکز والے ان کے خلاف مصروفِ سازش ہیں اور انھیں ابھرنے کا موقع نہیں دیتے۔ جیسے جیسے دوسروں کی خوئے ایذا رسانی پر عقیدہ پختہ ہوتا جاتا ہے ویسے ویسے اپنی عظمت کا احساس بھی قوی تر ہوتا جاتا ہے۔

مزاح گو احمق پھپھوندوی جو اپنے سنجیدہ کلام میں احمد تخلص کرتے تھے پنجابیوں کی صوبہ پرستی سے بہت نالاں تھے اور خلوصِ دل سے یہ سمجھتے تھے کہ اقبال کی غیر معمولی شہرت پنجابیوں کی صوبہ پرستی ہی کا کرشمہ ہے۔ ایک مرتبہ وہ "شاہکار" کے دفتر میں تشریف لائے تو مکتبۂ اُردو لاہور سے بہت نالاں تھے جو ان کے خیال میں صرف پنجابی اہلِ قلم کی تصانیف ہی شائع کرتا تھا۔ مجھے معلوم تھا کہ یہ بات حقائق کے منافی ہے کیونکہ مکتبۂ اُردو نے بہار اور یوپی کے کئی اہلِ قلم کی کتابیں شائع کی تھیں اور جوش ملیح آبادی کا تو اس نے پورا سیٹ شائع کیا تھا جس میں ان کی ابتدائی تصنیف "روحِ ادب" بھی شامل تھی۔ گفتگو چونکہ احمق صاحب لوز ولانا میں ہو رہی تھی اس لیے میں خاموش رہا لیکن شام کو جب مکتبہ کے مالک چودھری برکت علی سے ملاقات ہوئی تو باتوں باتوں میں میں نے احمق صاحب کی برہمی کا سبب معلوم کرنے کی کوشش کی۔ پتہ چلا کہ ان کی نظموں کا مجموعہ اشاعت کے لیے موصول ہوا تھا جو انھیں لوٹا دیا گیا۔ اس میں صوبائی تعصب کو کوئی دخل نہیں تھا بلکہ چودھری صاحب جو مجلسِ احرار سے تعلق رکھتے تھے ذاتی طور پر احمق صاحب کے مدّاح بھی تھے لیکن ایک پبلشر کی حیثیت سے وہ یہ جانتے تھے کہ احمق صاحب کا کلام مشاعروں اور کانگرس کے جلسوں میں داد تو وصول کر سکتا ہے چھپ کر بِک نہیں سکتا اور کوئی پبلشر کسی کتاب کو کارِ خیر سمجھ کر شائع نہیں کرتا۔

میرے وطن مالیر کوٹلہ میں ایک صاحب شیخ بشیر حسن تھے جو بشیر تخلص کرتے تھے۔ وہ ریاست کے ممتاز عہدیدار تھے، پڑھے لکھے تھے اور سیدھے اور صاف شعر کہنے کی صلاحیت رکھتے تھے لیکن جہاندیدہ اور ذی علم ہونے کے باوجود اس غلط فہمی میں مبتلا تھے کہ ہندوستان میں ان کی ٹکر کا ایک بھی شاعر نہیں۔ حالانکہ اس وقت اقبال، یاس، یگانہ، فانی، اصغر اور حسرت سبھی زندہ تھے۔

کچھ شاعر ایسے بھی ہوتے ہیں جو اپنی جملہ صلاحیتوں کے باوجود گوشۂ گمنامی ہی میں زندگی گزار دیتے ہیں۔ لیکن عجیب بات یہ ہے کہ وہ شاکیِ زمانہ نہیں ہوتے۔ اسی زمانہ میں مالیر کوٹلہ میں ایک بزرگ محمد رفیق بھی تھے جو حافظ تخلص کرتے تھے۔ فارسی اور اُردو دونوں زبانوں میں بلند پایہ شعر کہتے تھے۔ لیکن شہرت کو اپنی خوئے قلندری کے منافی سمجھتے تھے۔ لاہور میں خواجہ دل محمد نے جو ان کے ذاتی دوست تھے، کئی بار کوشش کی کہ ان کا کلام منظرِ عام پر آ جائے لیکن ان کی خوئے قلندری اس کی روادار نہیں ہوئی۔ ان کے دو شعر مجھے یاد رہ گئے ہیں:

آپ کے دیکھنے والوں کا تماشا دیکھا
کون آفت میں پڑے دیدۂ بینا لے کر

تھا جنتِ نظارہ ترا عہدِ جوانی
پھرتی ہے نگاہوں میں وہ تصویر ابھی تک

بہرحال جہاں تک ہندو شاعروں کے احساسِ مظلومی کا تعلق ہے، یہ رائیگاں نہیں گیا۔ ملک تقسیم ہوا تو ہندوستان میں اُردو کی حالت ابتر ہو گئی۔ مظلوم ہندو شاعروں نے اب یہ پروپیگنڈہ شروع کر دیا کہ ہندوستان میں اُردو کی پسپائی کا سبب یہ ہے کہ مسلمان اہلِ قلم ان کے کمال کو تسلیم نہیں کرتے۔ بطور تلافی ان کی پذیرائی شروع ہوئی اور سلسلہ یہاں تک پہنچا کہ عرش ملسیانی اور جگن ناتھ آزاد کو صرف شاعر ہی نہیں بلکہ بڑا شاعر تسلیم کر لیا گیا۔ کہتے ہیں ؎

خدا شرے برانگیزد کہ خیرِ ما دراں باشد

تقسیم سے سارے ملک کو نقصان پہنچا لیکن اُردو کے ہندو شاعر فائدے ہی میں رہے۔

اسلامیہ کالج کے سامنے عرب ہوٹل، لاہور کے آڑے ترچھوں کا اڈہ تھا۔ ان میں زیادہ تر ادیب شاعر اور صحافی تھے۔ یہ ایسے اداروں میں کام کرتے تھے جہاں تنخواہ قلیل ملتی تھی، بروقت نہیں ملتی تھی اور کسی ماہ ناغہ بھی ہو جاتا تھا لیکن یہ اپنے حال میں مست رہتے تھے اور اپنی زندہ دلی پر غمِ زمانہ کی پرچھائیں نہیں پڑنے دیتے تھے۔

عرب ہوٹل بڑا ہی غریب نواز تھا۔ دو کبابوں، نصف نان اور چائے کی ایک پیالی میں صبح کا ناشتہ ہو جاتا تھا اور بھنے ہوئے گوشت کی نصف پلیٹ اور ایک نان میں ایک وقت کا کھانا۔ وہاں کے بیٹھنے والوں میں بھائی چارہ بھی بہت تھا۔ اگر کسی کی جیب میں پیسے نہیں تو اس کا یہ مطلب نہیں کہ وہ سگریٹ، چائے، یا کھانے سے محروم رہے۔ ہری چند چڈھا جوان دنوں دلّی میں ہیں اور باقاعدگی کی زندگی بسر کر رہے ہیں، اُن دنوں "رند" تخلص کرتے تھے اور "ملاپ" کے دفتر میں ملازم تھے۔ یہاں کے حاضر باشوں میں ان کی شخصیت کافی نمایاں تھی۔ لاابالی پن میں وہ اپنی مثال آپ تھے۔ تنخواہ ملتی تو قرضوں کی ادائیگی سے جو بچ رہتا اسے اسی دن دوستوں کی تواضع میں خرچ کر دیتے اور دوسرے دن سے پھر قرض کا سلسلہ شروع ہو جاتا۔ وہ دو راتیں ایک جگہ مشکل سے سوتے تھے اور ان کی قمیص کے بیشتر اور پینٹ کا ایک آدھ بٹن بالعموم ندارد رہتا تھا۔ کسی خانہ دار دوست کے گھر جا نکلتے تو وہ انھیں غسل خانے میں داخل

کر کے قمیص اور پینٹ کے بٹن لگوا دیا۔ باہر نکل کر جب وہ پورے بٹن دیکھتے تو خوش ہو کر کہتے، اب کیا ہے، اب میں دنیا کا مقابلہ کر سکتا ہوں، وہ نثر بہت اچھی لکھتے تھے اور اردو ادب کا ان کا مطالعہ بھی کافی تھا لیکن قلندری ان کے مزاج پر اتنی غالب تھی کہ جم کر کام کرنا ان کے بس میں نہیں تھا۔ یہ ان کے صحافتی کمال کا بڑا اعتراف تھا کہ "ملاپ" کے ادارے میں بھی جہاں کا نظام کافی سخت گیرانہ تھا، ان کی بے ضابطگیاں برداشت کر لی جاتی تھیں۔ دلی آکر بھی وہ چند دن "ملاپ" میں ملازم رہے۔ ایک مرتبہ چیف ایڈیٹر پر بگڑ بیٹھے اور یہ کہہ کر چلے گئے "تمھیں کاپی جوڑنے کے سوا آتا ہی کیا ہے؟" گھر پہنچ کر چیف ایڈیٹر کو پھر فون کیا۔ وہ سمجھا شاید چڑھا معافی مانگ رہا ہے۔ اس نے معافی مانگی بھی لیکن ان لفظوں میں: "باس معاف کرنا میں نے آپ کی شان میں غلط بات کہہ دی۔ میں نے کہا تھا کہ آپ کو کاپی جوڑنا آتی ہے مگر سچ یہ ہے کہ آپ کو کاپی جوڑنا بھی نہیں آتی۔"

چراغ حسن حسرت اس مجلس کے میر تھے۔ انھوں نے مولانا ابوالکلام آزاد کے ساتھ "الہلال" میں کام کیا تھا: "زمیندار" میں وہ "فکاہات" کے عنوان سے مزاحیہ کالم لکھتے تھے جس کی ان دنوں بڑی دھوم تھی۔ اس کالم میں اتحاد پارٹی کا انھوں نے جو قصیدہ لکھا تھا وہ زبان زدِ خاص وعام تھا:

بتر ایار نرینـدر ناتھ۔ اتحـاد پارٹی
سارے ٹوڈی تیرے ساتھ۔ اتحاد پارٹی

اپنے اسی انداز میں انھوں نے پنجاب کا سیاسی جغرافیہ بھی لکھا تھا۔ جس میں پنجاب کی سیاسی شخصیتوں پر بہت دلچسپ چوٹیں کی تھیں۔ اُردو زبان پر انھیں بلا کا عبور تھا۔ کچھ دیو مالائی کہانیاں بھی لکھی تھیں۔ یہ کہانیاں انھوں نے ٹھیٹ اُردو میں لکھی تھیں لیکن اگر اسی کتاب کو دیوناگری میں چھاپ دیا جاتا تو ہندی والے انھیں ہندی کا بڑا لکھاری ماننے پر مجبور ہو جاتے۔ ادب اور ریاست میں ان کی معلومات بھی وافر تھیں۔ قدرتی تھا کہ ایسا آدمی مبتلائے زعم ہو جائے چنانچہ وہ اپنے سوا کسی کو خاطر میں نہیں لاتے تھے اور قول وفعل کے ہر تضاد کو اپنے لیے روا رکھتے تھے۔ یہ ان کا عام شیوہ تھا کہ رمضان کے دنوں میں عرب ہوٹل میں چائے کی پیالی سامنے رکھ لیتے، چسکیاں لیتے رہتے اور روزے کے فضائل بیان کرتے جاتے۔ ان کے کمال کے سبھی معترف تھے اس لیے کوئی حرف گیری نہیں کرتا تھا۔

میری ان کی ملاقات کی ابتدا نوک جھونک سے ہوئی۔ مجھے ان دنوں نزلہ اکثر رہتا تھا۔ کسی نے مجھے بہکا دیا کہ دائمی نزلے کا تیر بہدف علاج کسی مشہور ڈاکٹر نے یہ بتایا ہے کہ آدمی سر پر پگڑی باندھنے لگے۔ میں نے اس نسخے پر عمل کرنے کا فیصلہ کر لیا۔ انہی دنوں عرب ہوٹل میں میری آمد و رفت شروع ہوئی۔ دوسرا تیسرا دن تھا کہ حسرت صاحب نے اپنا ہاتھ میری طرف بڑھا کر کہا۔ "جوتشی جی! ذرا میرا ہاتھ تو دیکھ دیجیے۔" میں نے ان کا ہاتھ اپنے ہاتھ میں لے لیا اور چند منٹ غور سے دیکھنے کے بعد جواب دیا "حسرت صاحب میں مجبور ہوں، آپ نے تو کثرتِ استعمال سے اپنے ہاتھ کی لکیریں ہی مٹا ڈالی ہیں۔" عرب ہوٹل کے قلندر غالب کے طرفدار سہی لیکن سخن فہم بھی تھے۔ میرے فقرے پر اس زور کے قہقہے پڑے کہ چھت ہل گئی۔ خود حسرت صاحب نے بھی بات کا مزہ لیا اور اس کے بعد ان کی میری اچھی خاصی دوستی ہو گئی۔

عبد المجید بھٹی کا دفتر عرب ہوٹل کے پاس ہی تھا پہلے وہ بچوں کی نظمیں لکھا کرتے تھے، ان دنوں بالغانہ نظمیں لکھنے لگے تھے۔ وہ عرب ہوٹل میں بھی بیٹھتے تھے اور کبھی کبھی لاؤ لشکر کو اپنے دفتر میں بھی لے جاتے تھے۔ مادی طور پر وہ خوشحال نہیں تو ہم سب کے مقابلے میں آسودہ تر ضرور تھے۔ دوستوں کی دعوتیں کرنے میں فیاض تھے اور بہت مرنجاں مرنج اور خلیق واقع ہوئے تھے۔ شاید ان کے ضبط کا امتحان لینا مقصود تھا۔ کچھ لوگ ان پر موقع بے موقع فقرے کستے رہتے تھے۔ لیکن ان کی پیشانی پر بل نہیں آتا تھا اور ہر فقرہ وہ خندہ پیشانی سے برداشت کر لیتے تھے۔ شروع شروع میں جواب نہیں دیتے تھے پھر ہنسی مذاق میں دوسروں کا ساتھ بھی دینے لگے۔

عرب ہوٹل کے حاضر باشوں میں ایک انتہائی دلچسپ شخصیت باری علیگ کی تھی جو خود کو اشتراکی ادیب لکھتے تھے۔ اصلی نام غالباً عبد الباری تھا۔ اشتراکی بنے تو عبدیت پر سے ان کا ایمان اٹھ گیا اور صرف باری رہ گئے۔ "کمپنی کی حکومت" کے نام سے ایک کتاب لکھی تھی جو کئی بار چھپی۔ کچھ کتابچے بھی انھوں نے لکھے تھے اور مختلف اخباروں میں کام بھی کرتے رہے تھے۔ بڑے ہی آزاد خیال اور قلندر صفت آدمی تھے۔ جب وہ "شہباز" میں کام کرتے تھے تو کچھ دوستوں نے کہا کہ اگر وہ پینٹ اتار کر "شہباز" کے دفتر سے عرب ہوٹل تک ہو آئیں تو ایک شاندار دعوت ہوگی۔ باری واقعی تیار ہو گئے اور جو کہا تھا کر گزرے۔ اس کا طریقہ انھوں نے یہ اختیار کیا کہ چلتے چلتے سینہ کوبی کرتے جاتے تھے اور یا علی یا علی کے نعرے بھی لگاتے جاتے تھے۔ راہگیروں نے مجذوب سمجھ کر نظر انداز کر دیا اور

وہ شرماجیت گئے۔

پنجابی نیشنلزم کے بڑے زبردست داعی تھے۔ اُردو کے ادیب ہونے کے باوجود وہ اُردو زبان کو خارج البلد کر دینا چاہتے تھے۔ ترنگ میں ہوتے تو کہتے جب کوئی پنجابی اُردو بولتا ہے تو ایسا لگتا ہے جیسے وہ جھوٹ بول رہا ہو۔ شروع شروع میں وہ لیگ کے مقابلے میں کانگرس کی حمایت کرتے رہے لیکن پھر دونوں ہی سے بیزار ہو گئے۔ ان کا کہنا تھا کہ کانگرس اور لیگ جو 'غیر ملکی' جماعتیں ہیں، پنجابیوں میں، جو واقعی ایک قوم ہیں، پھوٹ ڈالنا چاہتی ہیں۔ اہلِ پنجاب کو چاہیے کہ وہ 'اپنے ملک' کے دروازے ان دونوں جماعتوں پر بند کر دیں بلکہ بہتر یہ ہو کہ سیاست ہی سے توبہ کر لیں۔ سیاسی مباحث کو وہ کس حقارت سے دیکھتے تھے اس کا اندازہ اس سے لگایا جا سکتا ہے کہ جب لیگ اور کانگرس کی بحث انتہائی عروج پر تھی اور ملک کے تقسیم ہونے کے آثار نظر آنے لگے تھے تو ہوٹل میں داخل ہو کر پہلا نعرہ وہ یہ لگاتے تھے "آج کون فریق جیت رہا ہے؟" اس کے بعد لیگ اور کانگرس کے حامیوں میں جو دھڑا کمزور ہوتا اس کی حمایت شروع کر دیتے۔

سیاسی بحث میں قلندروں کے درمیان تلخی پیدا ہوتے کبھی نہیں دیکھی۔ اس کی وجہ غالباً یہ بھی تھی کہ وہ اپنے محدود دائرے سے باہر کی ہر چیز کو غیر حقیقی سمجھتے تھے۔ اگر کبھی کوئی ناواقف آدابِ قلندری محفل میں آ دھمکتا اور کسی بات پر مشتعل ہو اٹھتا تو رنگِ محفل دیکھ کر اس کی طبیعت از خود اعتدال پر آ جاتی تھی۔ احسان دانش کے ایک شاگرد نے موچی دروازے کے پاس 'منزل' کے نام سے ایک ریسٹوران کھول رکھا تھا۔ کبھی کبھی قلندروں کا قافلہ اُدھر بھی جا نکلتا۔ ایک دن محفل وہاں سجی ہوئی تھی اور حسبِ معمول دنیا کی ہر چیز کا مذاق اُڑایا جا رہا تھا کہ یکایک ایک نوجوان پاس کی میز سے اُٹھا اور خالی کرسی پر بیٹھ کر جوتوں سمیت اپنے دونوں پاؤں قلندروں والی میز پر دے مارے۔ وہ خاکسار تحریک میں نیا نیا شامل ہوا تھا اور یہ دیکھ کر اسے بڑا اشتعال آیا تھا کہ یہ لوگ سیاسی راہنماؤں کا ذکر اس بے حرمتی سے کر رہے ہیں۔ چھوٹتے ہی کہنے لگا "تم کفر بک رہے ہو میں تمھیں قتل کر دوں گا۔" اس سے پوچھا گیا کہ آخر اسے یہ یقین کیوں ہے کہ وہ قاتل ہی ہو گا مقتول نہیں تو بولا: "میں سچا مسلمان ہوں اگر قتل ہوا بھی تو جنت میں جاؤں گا۔" اس مرحلے پر میری رگِ ظرافت پھڑکی اور ملتجیانہ انداز میں اس سے کہنے لگا "صاحب اس عمر میں جنت میں نہ جانا حتی

کہیں آپ کو غلمان نہ بنالیں۔" اس فقرے پر قلندروں کا جو حال ہوا وہ تو ظاہر ہے لیکن اس نوجوان کا ردِّعمل بھی مزید اشتعال کی بجائے مجوب سی ہنسی میں ظاہر ہوا۔ کوئی تین چار ہفتے کے بعد مجھے انارکلی میں ملا تو بالکل بدلا ہوا تھا۔ بڑی گرمجوشی سے مصافحہ کیا اور رازدارانہ انداز میں کہنے لگا متّل صاحب! میں نے وہ سب کچھ چھوڑ دیا ہے۔ اب میں شراب پیتا ہوں، گانا سنتا ہوں۔ میں نے بارہا دیکھا ہے کہ انتہا پسند طبائع جب ایک انتہا پسندانہ روش کو خیرباد کہتی ہیں تو فوراً ہی وہ دوسری انتہا پر پہنچ جاتی ہیں۔ کیا انسان بنیادی طور پر کبھی بدلتا ہی نہیں؟

قلندر ادیب دنیا و مافیہا سے بیگانہ نشاطِ ناکامی میں سرشار تھے، زندگی کا صرف ایک ہی مقصد تھا کہ اپنی کج کلاہی کی روش کو زندہ رکھا جائے۔ سماج سے ان کا رابطہ صرف اسی حد تک تھا جو جسم اور جان کا رشتہ قائم رکھنے کے لیے ضروری ہوتا ہے یعنی پیٹ پالنے کے لیے کسی اخبار کے دفتر میں چھوٹی بڑی ملازمت کر لینا، کسی پبلشر کے لیے ترجمہ کر دینا یا کوئی کتاب یا مجموعہ مرتّب کر دینا۔ کامیابی کو یہ لوگ شک و شبہ کی نظر سے دیکھتے تھے کیونکہ یہ طے تھا کہ کامیابی ناجائز طریقوں ہی سے حاصل ہوتی ہے۔ ان میں کبھی کسی بات پر اتفاق ہوتے دیکھا نہ جھگڑا۔ اتفاق اس لیے نہیں ہوتا تھا کہ سب لاعلاج حد تک انفرادیت کیش تھے، اور جھگڑا یوں نہیں ہوتا تھا کہ ان کے نزدیک اس کی انفرادیت میں مداخلت تھی۔ حاصلِ زندگی یہ تھا کہ محفل میں کوئی چلتا ہوا فقرہ کہہ دیا جائے یا کوئی ادب پارہ لکھ دیا جائے۔ جو ادیب جتنا زیادہ غیر معروف ہوتا اتنی ہی اسے زیادہ داد ملتی۔ یہ بھی ایک طرح سے ناکامی کی پرستش تھی۔

یہ اُس زمانے کا کمال بھی تھا کہ گدڑیوں میں لعل مل جاتے تھے۔ لاہور کے گھٹیا ہوٹلوں میں بارہا ایسے گمنام لوگ ملے جو بہت عمدہ شعر کہتے تھے اور پارکوں میں ایسے لوگ جو گانے کا اتنا اچھا سلیقہ رکھتے تھے کہ اگر ان کی تربیت ہو جاتی تو باکمال مغنّی ثابت ہوتے۔ اس زمانے میں فن برائے فن کا تصوّر ابھی ختم نہیں ہوا تھا۔ کسی فن کو حاصل کر لینا ہی کوشش کی معراج تھی۔ صلہ اور داد ضمنی چیزیں تھیں بلکہ بعض لوگ تو انہیں غیر مستحسن بھی سمجھتے تھے۔ یہ ایسے فرہاد تھے جو دریوزۂ عشرتِ کدۂ خسرو کو اپنے لیے باعثِ ننگ سمجھتے تھے۔ حکام رس شاعر اُس زمانے میں بھی تھے لیکن ادبی حلقوں میں انہیں نہ تو قابلِ تقلید سمجھا جاتا تھا نہ مستحق رشک۔

مادّی اعتبار سے کامیاب ترین شاعر حفیظ جالندھری تھے۔ وہ "شاہنامۂ اسلام" لکھ کر معززین کی صف میں شامل ہو گئے تھے اور اپنی کوٹھی بھی بنالی تھی لیکن اپنی اس کامیابی پر غرہ کرتے انھیں کبھی نہیں دیکھا۔ دوستوں سے دوستوں ہی کی طرح ملتے اور اپنے معزز ہونے کا احساس زائل کرنے کے لیے اکثر ضلع جگت پر بھی اُتر آتے۔ شعر بھی وہ بدستور محنت سے کہتے تھے اور "مستند ہے میرا فرمایا ہوا" کے مقولے پر عمل پیرا نہیں تھے۔ قلندران سے بہر حال نالاں تھے اور اکثر یہی سمجھا جاتا تھا کہ ان کی کامیابی میں صرف ان کی خوش گلوئی کو دخل ہے۔ اس عام غلط فہمی سے جس شاعر کو فائدہ پہنچا وہ احسان دانش تھے۔ احسان دانش خوش گلو تھے، بیحد محنتی تھے اور فقیرانہ وضع رکھتے تھے۔ کافی دنوں تک وہ محنت مزدوری کر کے پیٹ پالتے رہے تھے اور خود کو مزدور شاعر لکھتے تھے۔ خوش گلوئی کے سوا باقی تمام باتوں میں وہ حفیظ جالندھری کی ضد تھے۔ اس طرح وہ ان تمام لوگوں کے لیے جو ناکامی کو مستحسن اور کامیابی کو ایک طرح کا جرم سمجھتے تھے، ہیرو بن گئے اور مشاعروں میں انھیں حفیظ کے مقابلے میں انتقاماً داد دی جانے لگی۔ حفیظ کے پرانے رقیب مولانا تاجور بھی احسان دانش کی مدد کو آگے بڑھے اور میزانِ نقد میں بھی انھیں احسان کا پلڑا بھاری نظر آنے لگا۔

احسان دانش، حفیظ کے کامیاب حریف اگرچہ نہ بن سکے لیکن یہ داد و ستائش ان کے کام ضرور آئی۔ اپنی کامیابی پر مطمئن ہو جانے کی بجائے وہ ہمیشہ یہ کوشش کرتے رہے کہ اپنے آپ کو دوستوں کی مدح و ستائش کا اہل ثابت کریں۔ انھوں نے زندگی کی ابتدا واقعی مزدوری اور چوکیداری سے کی تھی۔ علم جتنا بھی انھوں نے حاصل کیا اپنی محنت سے۔ یہ مبالغہ نہیں حقیقت ہے کہ چوکیداری کے زمانے میں کئی کتابیں انھوں نے چاندنی کی روشنی میں پڑھیں۔ یہ بھی حقیقت ہے کہ افلاس نے ان کی فطرت میں کجی پیدا نہیں کی۔ وہ مردم آزار نہیں بنے۔ دوستوں کے دوست تھے اور اپنا حقیقی قد بھی پہچانتے تھے۔ پیسہ بھی انھوں نے محنت ہی سے پیدا کیا۔ کتابیں لکھیں، کتب فروشی کی لیکن کسی کے سامنے ہاتھ نہیں پھیلایا۔ وہ اپنے ابتدائی افلاس پر نادم نہیں تھے لیکن افلاس کو خوبی بھی نہیں سمجھتے تھے۔ ایک بار ترقی پسندی کے مفہوم پر بحث ہو رہی تھی تو انھوں نے بے تکلفی سے کہہ دیا تھا کہ میرے نزدیک ترقی کا مفہوم یہ ہے کہ میں بوریے

پر پیدا ہوا تھا لیکن قالین پر دم توڑوں گا۔

اختر شیرانی کا آغاز شروع ہو چکا تھا۔ وہ اپنے دَور کے مقبول ترین شاعر تھے۔ ایک امیر اور انتہائی ذی وقار باپ کے بیٹے تھے۔ ادب اور شاعری ان کے لیے پیشہ نہیں مشغلہ تھے۔ ان کی شاعری کے رومانی ماحول، ان کی مے نوشی اور آوارہ مزاجی نے انھیں دنیائے شعر و ادب کا رومانی شہزادہ بنا دیا تھا۔ رومانی شہزادہ بننا آسان ہے لیکن بنے رہنا اتنا آسان نہیں۔ لوگ رومانی شہزادے سے ہمہ وقت فوق الفطرت کارناموں کی امید رکھتے ہیں اور یہ کسی گوشت پوست کے انسان کے لیے ممکن نہیں ہوتا۔

اپنے والد حافظ محمود خاں شیرانی سے ان کا قریب قریب قطع تعلق ہو چکا تھا۔ جو شخص دوسروں کو پانی کی طرح شراب پلاتا تھا وہ اب شراب کے لیے دوسروں کا دست نگر تھا۔ اس بنا پر لوگ ان سے کنّی بھی کترانے لگے تھے لیکن جو لوگ ان پر اس قسم کے الزام لگاتے ہیں کہ انھوں نے باقاعدہ دریوزہ گری شروع کر دی تھی وہ غالباً ذاتی تجربہ بیان کرنے کی بجائے سُنی سنائی باتیں دہراتے ہیں۔ اختر نے شرافتِ نفس کو کبھی ہاتھ سے نہیں جانے دیا۔ رُوپے پیسے کو وہ آخری وقت تک حقارت سے دیکھتے رہے اور بے تکلف دستِ سوال بڑھا دینا ان کے بس ہی میں نہیں تھا۔

ایک مرتبہ دوپہر کے وقت میں اپنے گھر پر لیٹا ہوا تھا کہ کرشن آرٹسٹ نے آ کر کہا کہ نیچے اختر شیرانی آپ کا انتظار کر رہے ہیں نیچے گیا تو اختر شیرانی تانگے میں بیٹھے ہوئے تھے۔ کہنے لگے آؤ چلیں۔ میں نے کہا اوپر جا کر کپڑے بدل آؤں۔ کہنے لگے نہیں ایسے ہی چلو۔ میں ان کی بات کو کم ہی ٹالتا تھا۔ تانگے میں بیٹھ گیا۔ جب تانگہ آدھ گھنٹے کے قریب چلتا رہا تو میں نے پوچھا کہ آخر کہاں جانا ہے، تانگہ رکواتے کیوں نہیں، بولے پیسے جو نہیں۔ میں نے کہا اختر صاحب جب میں نے کپڑے بدلنے کی بات کہی تھی تو مطلب یہی تھا کہ کچھ پیسے لے لوں۔ آپ کے انکار سے میں سمجھا کہ ضرورت نہیں۔ بہرحال تانگہ اس وقت انار کلی میں سے گزر رہا تھا۔ وہاں میرے ایک عزیز کی دوکان تھی میں نے اس سے پندرہ روپے اُدھار لیے۔ تھوڑے ہی فاصلہ پر "ملاپ" کا دفتر

لہ ان دنوں "ملاپ" دہلی میں کام کرتے ہیں۔ اُس وقت لاہور میں اخبار نویسی کرتے تھے۔ شعر بھی کہتے ہیں۔

تھا۔ اچانک اختر کی نظر زبیر پر پڑ گئی۔ زبیر انھیں اپنے دفتر میں لے گئے اور جب وہ واپس آئے تو ان کی جیب میں دس رُوپے کا نوٹ تھا لیکن شام تک یہ سب روپے خرچ ہو چکے تھے۔ جو بھی ملا اختر نے اس کی دعوت کر ڈالی۔

اختر بلانوش بھی تھے آوارہ گرد بھی لیکن طبعاً انتہائی شریف تھے۔ میں نے ان کی زبان سے کسی خاتون کے لیے نازیبا کلمہ کبھی نہیں سُنا اور ان کی عشق کی داستانیں بھی اکثر قیاسی ہیں۔ سلمٰی، عذرا، ریحانہ ایک شاعر کے ذہنی ہیولے تھے۔ بہت ممکن ہے کہ ان کا پرتو اختر نے کہیں دیکھ لیا ہو لیکن وہ پوری طرح مادّی طور پر متشکل کبھی نہیں ہوئے۔ اختر تصوّف کی شاعری کے سخت خلاف تھے اور ایک مرتبہ ان کے مجموعے میں سے میں نے تصوّف کا ایک شعر ڈھونڈ نکالا تھا تو مجھ سے سخت برہم ہوئے تھے۔ لیکن محبت کی جسمانیت کے وہ ذرا قائل نہیں تھے ان کی شاعری سے محبّت کا جو پہلو اُبھرتا ہے وہ اس کی الوہیت کا ہے جس کا سب سے بڑا ثبوت وہ نظم ہے جو انھوں نے "ایک شاعرہ کی شادی پر" لکھی ہے۔ اس نظم میں شکایت یہ نہیں ہے کہ وہ اختر کی بجائے کسی اور کی ہوگئی بلکہ انھیں غم اس بات کا ہے کہ شاعرہ ایسی مطہر شخصیت جسمانی محبت میں آلودہ ہوگئی:

ظلمتِ حرص و ہوس حور کو بہکا ہی گئی
تیرے بستر پہ بھی آخر کو شکن آ ہی گئی

میں نے اختر کو اچھی بُری ہر جگہ دیکھا ہے۔ طوائف کے کوٹھے پر بھی میں نے انھیں کبھی ضرورت سے زیادہ بے تکلّف ہوتے نہیں دیکھا۔ اگر بہت زیادہ پیے ہوتے تو اس کا ہاتھ سینے سے لگا کر رونا شروع کر دیتے۔ ایسے موقعوں پر یہ مصرعہ اکثر ان کے وردِ زبان ہوتا تھا:

کیسے خانہ خراب ہیں ہم لوگ

بلانوشی اور لااُبالی پن کی روایت کے نئے وارث عبدالحمید عدم تھے۔ اختر شیرانی کی طرح وہ بھی چلتی پھرتی بوتل تھے۔ طبیعت ان کی انتہائی موزوں تھی۔ بلا کے زود گو تھے اور بہت عمدہ شعر بے تکلّفی سے کہہ جاتے تھے۔ شراب سے انھیں بہت تعلق تھا۔ ہر وقت پیتے تھے، بے تحاشا پیتے تھے۔ لیکن شراب ان پر بالعموم کوئی ناگوار اثر نہیں ڈالتی تھی۔ ان کے بہترین اشعار بھی شراب ہی کے موضوع پر ہیں ؎

چل اے غمِ دوراں درِ میخانہ ہے نزدیک
آرام سے بیٹھیں گے ذرا بات کریں گے

○

ظلمتوں سے نہ ڈر کہ رستے میں
روشنی ہے شراب خانے کی

○

میں میکدے کی راہ سے ہو کر نکل گیا
ورنہ سفر حیات کا کتنا طویل تھا

○

میں شاعروں کے ساتھ بالعموم شراب نہیں پیتا تھا۔ اختر شیرانی کے ساتھ تو ایک دو بار شریکِ جام ہوا بھی لیکن قریبی دوستی اور انتہائی موانست کے باوجود عدم کے ساتھ مے نوشی میں شرکت میں نے کبھی نہیں کی۔ شراب دیکھتے ہی ان پر ایک ایسی وارفتگی طاری ہو جاتی تھی کہ وہ ہر حزم و احتیاط کو بالائے طاق رکھ دیتے تھے۔ میری اپنی زندگی جس نہج پر بسر ہو رہی تھی اس میں تھوڑا بہت رکھ رکھاؤ ضروری تھا اور کھُل کھیلنا میرے لیے ممکن نہیں تھا۔ چنانچہ اپنے اور ان کے درمیان ایک محدود سا فاصلہ میں نے ہمیشہ باقی رکھا۔ انھوں نے بھی اس علم کے باوجود کہ میں زاہدِ خشک نہیں ہوں، مجھے اپنے ساتھ پینے کے لیے کبھی مجبور نہیں کیا۔

ایک مرتبہ شراب کے لیے مضطرب تھے اور حصول کی کوئی صورت نظر نہیں آتی تھی میری جیب میں پیسے نہیں تھے لیکن گھر پر شراب کی نصف بوتل موجود تھی۔ میں انھیں یہ کہہ کر اپنے ساتھ لے گیا کہ میرے وعدے کو نصف سمجھنا۔ گھر پر مہمان آئے ہوئے ہیں اس لیے شراب لے کر دروازے سے میں باہر نہیں نکل سکتا۔ کھڑکی سے نیچے گرا دوں گا۔ اگر تم اچک لینے میں کامیاب ہو گئے تو تمھاری ورنہ دھرتی کی۔ یہ حادثہ پیش آئے تو شور نہ مچانا اور چُپ چاپ چلے آنا۔ عدم خلوص سے وعدہ کر کے میرے ساتھ ہو لیے لیکن جیسے ہی میرا ہاتھ باہر نکلتا ہوا نظر آیا وہ بے قابو ہو گئے اور زور سے چلّائے "متّل صاحب ذرا احتیاط سے۔ بوتل ٹوٹ گئی تو میرا دل ٹوٹ جائے گا۔" ان کی پکار گھر والوں

نے بھی سُن لی ۔پردہ فاش ہوچکا تھا، اب احتیاط غیر ضروری تھی ۔میں نے کہا " عدم صاحب اب دعدہ نصف نہیں رہا۔ میں آپ کے لیے بوتل لے کر نیچے آرہا ہوں ۔"

شراب وہ ہر ماحول میں پی لیتے تھے اور صحبتِ ناجنس بھی ان پر گراں نہیں گزرتی تھی۔ غالباً اپنی داخلی کیفیات میں وہ اتنے مگن رہتے تھے کہ بیرونی دنیا ان کے لیے کوئی حقیقت ہی نہیں رکھتی تھی۔ایک مرتبہ مجھے داتا گنج بخشؒ کے مزار کی طرف لے گئے۔ منزل ایک حجرۂ تاریک تھا۔ اختر شیرانی وہاں پہلے سے موجود تھے ۔ان کے علاوہ وہاں کچھ عجیب الخلقت لوگ جمع تھے اور ایک لنگڑا ہارمونیم پر کچھ گا رہا تھا۔ آواز اس کی اتنی بھیانک تھی کہ غالب کا مصرعہ : ' جس کی صدا ہو جلوۂ برقِ فنا مجھے ' ایک نئے مفہوم کے ساتھ میرے ذہن میں گونجنے لگا۔ میں دو تین منٹ کے بعد وہاں سے کھسک آیا لیکن بعد میں ان کے ایک دوست نے جس کا نام غالباً قمر تسکین تھا مجھے بتایا کہ عدم اور اختر شیرانی اس حجرۂ تاریک میں اکثر جاتے تھے اور اس عزازیل صفت مغنّی کی موسیقی پر عالمِ سُرور میں سر دھنتے تھے۔

ان دونوں کے مزاج میں کوئی ایسی سرشارانہ کیفیت تھی جو زہر کو تریاق بنا دیتی تھی ۔شراب کا گھونٹ حلق سے اُترتے ہی وہ حجرۂ تاریک ان کی نگاہوں سے اوجھل ہوجاتا تھا اور اس کی جگہ چشم تصور میں وہ میکدۂ ازل ناچنے لگتا تھا جس میں حافظ و خیّام رقصاں اور غزل خواں ان کے منتظر تھے۔

اختر شیرانی کے لیے تو بعد میں باہر کی دنیا بالکل ہی بے حقیقت ہوگئی تھی اور ان کے ذہنی ہیولوں نے ان کے لیے ٹھوس شکلیں اختیار کرلی تھیں جن سے وہ خواب ہی میں نہیں بلکہ عالم بیداری میں بھی ہمکلام رہتے تھے۔ ان دنوں ان کی رہائش ایک گندی بستی کے شکستہ سے کمرے میں تھی۔ میں کبھی کبھی ملنے چلا جاتا تو مجھ سے پوچھتے کیا تمھیں کوئی آواز نہیں آرہی ۔ پھر کہتے رات اس نے مجھے پوری غزل لکھوا دی ۔ وہ بولتی جارہی تھی اور میں لکھتا جاتا تھا۔ اسے خللِ حواس کا نام دیا جاسکتا ہے لیکن یہ خارجی ماحول پر داخلیت کی فتح بھی تو ہے۔

شاعروں اور ادیبوں کی طرح اُردو کے صحافی ، بالخصوص مُسلم صحافی بھی کجکلاہی اور قلندری کو زندگی کی معراج سمجھتے تھے ۔معین پالیسی کی قید سے تو اُردو کے سبھی اخبار آزاد تھے لیکن ہندو اخبار انتظامی اور کاروباری ضابطوں کے پابند رہتے ۔مسلمان اخبار اس کے کبھی قائل نہیں تھے۔

ان کے وجود کا انحصار دستِ غیب یا پبلک کے چندوں پر تھا۔ جب بھی کوئی افتاد پڑی پبلک سے چندوں کی اپیل کی جاتی تھی اور یہ افتاد چونکہ بالعموم سرکاری عتاب کی شکل میں ظاہر ہوتی تھی اس لیے پبلک چندہ دینے میں بخل بھی نہیں کرتی تھی۔ مولانا ظفر علی خاں کے متعلق تو ان کے مخالفوں نے مشہور کر رکھا تھا کہ جب بھی ان کا اخبار "زمیندار" مالی مشکلات میں مبتلا ہوتا ہے وہ کوئی اشتعال انگیز چیز لکھ کر عمداً سرکاری عتاب کی زد میں آجاتے ہیں۔

مولانا ظفر علی خاں کے زورِ قلم کے دوست دشمن سبھی مدّاح تھے۔ انھیں نظم اور نثر دونوں پر کامل دستگاہ تھی اور معرکہ آرائی میں ادیبوں اور صحافیوں کا متحدہ محاذ بھی ان کے مقابلے میں ناکام رہتا تھا۔ غلام رسول مہر اور عبدالمجید سالک نے جب "زمیندار" سے الگ ہو کر "انقلاب" نکالا اور ان دونوں اخباروں میں معرکہ آرائی شروع ہوئی تو جہاں "انقلاب" کی طرف سے دونوں مدیروں کے علاوہ لاہوری ادیبوں کا مشہور طائفہ نیاز مندانِ لاہور بھی تیر اندازی میں مصروف تھا، وہاں "زمیندار" کی طرف سے جوابی کارروائی تنہا ظفر علی خاں ہی کرتے تھے۔ لیکن دیکھنے والے دیکھ رہے تھے کہ اس معرکہ میں پلڑا اکیلے ظفر علی خاں کا ہی بھاری تھا۔ اس معرکے کے دوران میں جب ظفر علی خاں نے یہ کہا تھا کہ ان کا اکیلا "تکّل" "انقلاب" کی ساری پتنگوں سے لڑے گا تو یہ صرف تعلّی نہیں تھی۔ لیکن ظفر علی خاں کا تکّل صرف صحافتی حریفوں کی پتنگوں سے ہی نہیں لڑا وہ سیاست کے میدان میں بھی ہر کسی سے لڑے۔ پنجاب ہی نہیں ہندوستان بھر میں ایسی کوئی سیاسی پارٹی یا مشہور شخصیت نہیں تھی جو ان کے وار سے محفوظ رہی ہو۔ عجیب اتفاق یہ ہے کہ انھیں کے قلم سے ان سیاسی پارٹیوں اور شخصیتوں کی مدح بھی رقم ہوئی۔ ان کا قلم کسی سیاسی منصوبہ بندی کے تحت نہیں بلکہ جذبات کے وقتی جوش کے بل پر چلتا تھا۔ خوش ہوئے تو تعریف کر دی خفا ہوئے تو ہجو لکھ ڈالی۔ چراغ حسن حسرت نے اپنی مذاحیہ تصنیف "پنجاب کا جغرافیہ" میں ظفر علی خاں کو ایک ایسے دریا سے تشبیہ دی تھی جو اپنا ساحل متواتر بدلتا رہتا ہے۔ جس دریا میں مسلسل طغیانی رہتی ہو اس سے اور امید بھی کیا ہو سکتی تھی۔

عجیب بات یہ ہے کہ مولانا کے تلوّن کے باعث ان کی مقبولیت میں کوئی فرق نہیں آیا۔ جو لوگ ان کی تیغِ قلم کے قتیل تھے وہ بھی اس کی برّش کی داد دیتے تھے۔ لوگ ان کی "نزاکتِ آواز"

کے اتنے شیدائی تھے کہ ان کی "دشنام" "طبع حزیں" پر گراں نہیں گزرتی تھی۔ یہ جانتے ہوئے بھی کہ ان کی تائید اُردو غزل کے روایتی محبوب کے التفات سے زیادہ پائیدار نہیں، ہندوستان کی سبھی سیاسی پارٹیاں ان کی تائید و حمایت کے حصول کے لیے کوشاں رہتی تھیں۔ بہرحال دوستی ہو یا دشمنی ظفر علی خاں کا قلم دونوں کا حق ادا کرتا تھا۔ احراریوں سے خوش ہوئے تو لدھیانے کے احراری لیڈر تاج الدین کے سر پر "دنیا و دیں کا تاج" رکھنے پر آمادہ ہو گئے، احرار میں انھیں خوبیاں ہی خوبیاں نظر آنے لگیں:

اگر اک سیسہ پلائی ہوئی دیوار ہوئے
تو وہ اس عہد کے پنجاب کے احرار ہوئے
خیلِ باطل سے اگر بر سرِ پیکار ہوئے
تو وہ اسلام کے جانباز رضاکار ہوئے

انہی احراریوں سے خفا ہوئے تو ارشاد ہوا:

اللہ کے قانون کی پہچان سے بیزار
کافر سے موالات مسلمان سے بیزار
اس پر ہے یہ دعویٰ کہ ہیں اسلام کے احرار
احرار کہاں کے یہ ہیں اسلام کے غدّار
پنجاب کے احرار۔ اسلام کے غدّار

کانگریس اور متحدہ قومیت پر ایمان تھا تو "آبِ زمزم" میں غوطہ لگانے کے ساتھ ساتھ "گنگا میں ڈبکی" لگانا بھی ضروری سمجھتے تھے اور مخلوط انتخاب کے بھی شد و مد سے قائل تھے:

مخلوط انتخاب کو منظور تو کرو
ہوتے ہی اس کے اٹھ جائیں گے سب حجاب
تم ظلمتوں کے وہم سے ہو پیچ و تاب میں
اور سامنے ہے حق کا درخشندہ آفتاب

ان دنوں وہ ناقوس و اذاں سے بے نیاز ہندوستان کے عشق میں مگن تھے:

ناقوس سے غرض ہے نہ مطلب اذاں سے ہے
مجھ کو اگر ہے عشق تو ہندوستاں سے ہے
تہذیبِ ہند کا نہیں چشمہ اگر ازل
یہ موجِ رنگ رنگ پھر آئی کہاں سے ہے
ذرّے میں گر تڑپ ہے تو اس خاکِ پاک کی
سورج میں روشنی ہے تو اس آسماں سے ہے

اپنے ہم قوموں کو ان کا ایک ہی مشورہ تھا :

غلامی کے سلاسل کاٹ ڈالو
مٹا کر ہندوؤں سے اختلافات

وہ اکثریت سے شکوہ شکایت کے بھی خلاف تھے۔ مبادا اس سے اتحاد میں رخنہ پیدا ہو جائے :

وطن اور اس کی روایات پہ جس سے حرف آئے
باعثِ ننگ ہے وہ شیوۂ فریاد مجھے

گاندھی جی اور دوسرے کانگرسی لیڈروں کی بھی انھوں نے جی کھول کر تعریف کی لیکن جب کانگرس اور ہندوؤں سے بیزار ہوئے تو ضلع جگت پر اُتر آئے :

سلا دُگے جاتی کی چوپی کو کس سے
اگر ہم نے اک ایک ٹانکا اُدھیڑا

روحِ عناد مالوی جانِ فساد مالوی
گائے کی دُم مروڑیے پوجیہ پاد مالوی

پنڈت مدن موہن مالوی تو خیر ہندوؤں کے لیڈر تھے، انھوں نے گاندھی جی کو بھی نہیں بخشا اور انھیں ساورکر کی صف میں کھڑا کر ڈالا :

دنیا میں بلائیں دو ہی تو ہیں، اک ساورکر اک گاندھی ہے
اک ظلم کا چلتا جھکڑ ہے اک مکر کی چلتی آندھی ہے

آزادی کے متعلق ان کا تصوّر خالص قلندرانہ تھا ان کے نزدیک ایک آزاد منش کی جگہ یا تو تخت پر تھی یا تختے پر :

دُنیا میں ٹھکانے دو ہی تو ہیں آزاد منش انسانوں کے
یا تخت مقام آزادی کا یا تختہ مقام آزادی کا

ظاہر ہے کہ یہ تصوّر خالصۃً جاگیر دارانہ دَور کا ہے جب عام انسان کسی گنتی میں نہیں تھے۔ اقتدار کی جنگ تخت کے دو دعویداروں میں ہوتی تھی جن میں سے جیتنے والے کو اقتدار کی مسند اور ہارنے والے کو تابوت ملتا تھا۔ اس تصوّر میں جمہوریت یا حقوق طلبی کی کسی عوامی تحریک کی کوئی گنجائش نہیں۔ حیرت ہے کہ اس افتادِ طبع کا آدمی قصیدہ گوئی پر بھی آمادہ ہو گیا۔ ظفر علی خاں نے صرف نظام حیدر آباد اور بیگم بھوپال ہی کے قصیدے نہیں لکھے بلکہ کشمیر کے سابق حکمران مہاراجہ ہری سنگھ کا قصیدہ بھی لکھا ہے۔ یا تو یہ :

آنچہ شیراں را کند روبہ مزاج
احتیاج است احتیاج است احتیاج

والی بات تھی اور یا یہ کہ خودی قلندری میں اپنی ذات پر احتساب اور محاسبے کی گنجائش ہی نہیں ان کی کیفیاتِ مزاج کو سب سے زیادہ ان کے سابق معاون اور بعد کے حریف عبدالمجید سالک سمجھتے تھے۔ وہ ظفر علی خاں سے سنجیدہ سطح پر کبھی نہیں الجھتے تھے اور بالعموم لطیفوں میں ہی ٹرخا دیتے تھے :

ان دنوں مسلمان لیڈر اپنی قوم کو تجارت کی راہ پر گامزن کرانے کی کوشش کر رہے تھے۔ ظفر علی خاں نے اس سلسلے میں "اسلامی بازار" کا منصوبہ بنایا تھا اور سالک کے دوست اور اُردو کے مشہور ادیب امتیاز علی تاج ایک فلمی ادارہ قائم کرنے کی کوشش میں مصروف تھے۔ ظفر علی خاں کی طبیعت نے جوش مارا اور وہ فلمی ادارے کی مخالفت میں زورِ قلم دکھانے لگے۔ اس سلسلے میں ان کی ایک نظم کا مندرجۂ ذیل شعر حافظے میں رہ گیا ہے :

نئی تہذیب نے انڈے دیے لاہور میں آکر اور اس کے نقرئی بچوں کی چوں چوں بن گئی ٹاکی

امتیاز علی کو تشویش ہوئی کہ مولانا کی مخالفت سے انہیں کاروباری نقصان پہنچے گا، چنانچہ

سالک صاحب کی قیادت میں ایک وفد جس میں آنریری مسلمان پنڈت ہری چند اختر بھی شامل تھے۔ مولانا کی بارگاہ میں باریاب ہوا اور انھیں قائل کرنے کی کوشش کی کہ جب وہ خود چاہتے ہیں کہ مسلمان تجارت کی طرف راغب ہوں تو ایک مسلمان کاروباری ادارے کی مخالفت کیوں کر رہے ہیں۔ مولانا کا ایک ہی جواب تھا کہ وہ مسلمانوں کو لہو ولعب میں مبتلا کرنے کے خلاف ہیں۔ وفد کے ایک ممبر نے دورانِ گفتگو جب کہا کہ مولانا فلمیں تو آپ بھی دیکھ لیتے ہیں تو انھوں نے جوش میں کہا کہ "فلمیں دیکھنا اور بات ہے اور بنانا دوسری۔ فلم دیکھنا تو معمولی بات ہے میں تو رنڈی کا گانا سننے کے لیے بھی تیار ہوں لیکن رنڈی مسلمان نہیں ہندو ہونا چاہیے"۔ اس پر سالک کی رگِ ظرافت پھڑکی۔ بڑے نیازمندانہ لہجے میں گویا ہوئے: "مولانا یہ آپ کیا غضب کر رہے ہیں۔ اسی کاروبار پر تو ہماری اجارہ داری ہے اسے بھی ہندوؤں نے سنبھال لیا تو ہمارے پاس کیا رہے گا"۔

سیاست کے متعلق پنجابیوں کا رویّہ یہ تھا کہ:

ایک ہنگامے پہ موقوف ہے گھر کی رونق

اور ہنگامہ آرائی میں احراری سب سے آگے تھے۔ احراری جوشیلے بھی تھے اور مخلص بھی۔ جہادِ مسلسل ان کا شیوہ تھا لیکن یہ انھیں کبھی معلوم نہیں ہو سکا کہ اس جہاد کا مقصد کیا ہے؟ انھوں نے قادیانیوں سے بھی لوہا لیا اور کشمیر کے مہاراجہ ہری سنگھ سے بھی۔ انگریز دشمنی ان کے خمیر میں تھی اور یونینسٹ پارٹی کے خلاف بھی وہ ہمہ وقت صف آرا رہتے تھے۔ مسلم لیگ سے ان کی کبھی نہیں بنی اور کانگرس کے ساتھ بھی اُن کے جزوی اختلاف ہمیشہ رہے۔ ان تمام محاذوں پر وہ ہمیشہ بے جگری سے لڑے اور خوفِ پاداش ان کے جوش اور ولولے پر کبھی اثر انداز نہیں ہوا۔ لیکن مثبت طور پر وہ کیا چاہتے تھے اس کا علم کبھی کسی کو نہیں ہو سکا۔ چودھری افضل حق مجلسِ احرار کا دماغ کہلاتے تھے اور غالباً واحد احراری لیڈر تھے جنھیں پڑھے لکھے لوگ بھی قدرے احترام کی نظر سے دیکھتے تھے۔ ان کی موت پر ظفر علی خاں نے لکھا تھا:

ڈر ہے یہ اُفتاد گھر ہی کو نہ لے بیٹھے کہیں

یعنی پشتیبانِ دیوارِ افضل حق سے تھی

لیکن جب یہ پشتہ ٹوٹا نہیں تھا تب بھی احراری دیوار کچھ زیادہ مضبوط نہیں تھی۔ چودھری افضل حق نے کوشش ضرور کی کہ اس بھیڑ کو جو مجلس احرار کے نام پر جمع ہوگئی تھی، ایک منظم اور باقاعدہ پارٹی کی شکل دے دیں لیکن اس مقصد میں انھیں کامیابی نہیں ہوئی، نہ ہوسکتی تھی۔ اس پارٹی کی مقبولیت کا سارا انحصار اپنے لیڈروں کے زورِ خطابت پر تھا اور ان میں سے ہر لیڈر یہ سمجھتا تھا کہ وہ اپنی ذات سے خود انجمن ہے۔

احراری مقررین میں سب سے زیادہ شہرت سیّد عطاء اللہ شاہ بخاری کی تھی جنھیں احراری امیرِ شریعت کہتے تھے۔ خطابت میں انھیں وہی مقام حاصل تھا جو ظفر علی خاں کو صحافت میں۔ ایک بار اسٹیج پر کھڑے ہوجاتے تو بیٹھنے کا نام نہیں لیتے تھے۔ تین چار گھنٹے تک تقریر کیے جانا صرف یہی نہیں کہ ان کے لیے مشکل نہیں تھا بلکہ یہ ان کا معمول بھی تھا لیکن کیا مجال کہ سننے والے اکتا جائیں۔ جب بھی شاہ صاحب بیٹھنے کا نام لیتے، حاضرین کا یہی اصرار ہوتا کہ تقریر جاری رہے۔ ظاہر ہے کہ جو مقرر اتنی لمبی تقریر کرے گا اسے یہ کیا یاد رہے گا کہ شروع کہاں سے کیا تھا اور ختم کہاں کرنا ہے؟

اپنی خطابت کی شاہ صاحب کو داد تو خوب ملتی تھی لیکن یہ بات خود انھیں بھی معلوم تھی کہ ان کی تقریروں سے کوئی مثبت سیاسی مقصد پورا نہیں ہوتا۔ کہا کرتے تھے کہ یہ پنجابی بھی عجیب ہیں۔ تقریریں میری سنتے ہیں، ووٹ یونینسٹ پارٹی کو دیتے ہیں اور نوکری انگریز کی کرتے ہیں۔

سیاست میں دل چسپی رکھنے والے وہ نوجوان جو کچھ پڑھے لکھے تھے اور خود کو دانشور سمجھتے تھے، شاہ صاحب سے بُری طرح نالاں تھے۔ انھوں نے انتقاماً شاہ صاحب کی تقریروں کے عجیب و غریب چربے تیار کر رکھے تھے جنھیں وہ شاہ صاحب کا نام لے کر ایک دوسرے کو چائے گھروں میں سناتے رہتے تھے۔ مثال کے طور پر یہ کہ شاہ صاحب نے اسلامیہ کالج میں تقریر کرتے ہوئے کہا: اسے یہ کیا اسلامیہ کالج ہے جہاں سائنس پڑھائی جاتی ہے، فلسفہ پڑھایا جاتا ہے۔ مسلمان بچّوں کو صرف قرآن پڑھانا چاہیے۔ باقی احراری لیڈروں کے متعلق بھی "دانشوروں" نے اسی قسم کے لطیفے مشہور کر رکھے تھے بلکہ اس سے بھی شدید تر۔ مثلاً

لدھیانے کے ایک احراری لیڈر کے متعلق مشہور تھا کہ اس نے برسرِ منبر کہا: لوگ مجھے بدمعاش کہتے ہیں۔ ہاں میں بدمعاش ہوں لیکن میں اللہ کا بدمعاش ہوں۔

شورش کاشمیری کا آغازِ شباب تھا۔ وہ بیک وقت ظفر علی خاں اور عطاء اللہ شاہ بخاری کے نقوشِ قدم پر چلنے کی کوشش کر رہے تھے۔ یہ کوشش نامشکور نہیں رہی اور تحریر اور تقریر دونوں فن انھوں نے کامیابی سے سیکھے۔ ان کا المیہ یہ تھا کہ وہ اس پر اکتفا کرنے کو تیار نہیں تھے اور سیاست کے میدان میں بھی جھنڈے گاڑنا چاہتے تھے۔ جوش اور ولولے کی ان کے پاس کمی نہیں تھی لیکن ظاہر ہے کہ سیاست میں صرف اسی سے کام نہیں چلتا۔ یہاں تھوڑی بہت کامیابی کے لیے بھی فراست اور معاملہ فہمی کی ضرورت ہوتی ہے جن سے ان کا دامن خالی تھا۔ وہ آتشِ نمرود میں بے خطر کود پڑتے اور بار بار زخمی ہوتے۔ صرف یہی نہیں کہ انھوں نے قید و بند کی سختیاں برداشت کیں بلکہ اس کے دوران میں خصوصی تشدد کا شکار بھی ہوئے کیونکہ جیل جا کر وہ اس کے ضابطوں کی پابندی ضروری نہیں سمجھتے تھے۔ ایک بار سات برس کی قید کاٹ کر آئے تو مجھ سے کہنے لگے: متل صاحب سنتے ہیں کہ آپ دوستوں کو صحیح مشورہ دیتے ہیں مجھے بھی مشورہ دیجیے۔ میں نے کہا: شورش صاحب آپ سیاست سے توبہ کر لیں۔ مجھے خوب یاد ہے کہ میری بات انھیں ناگوار گزری تھی لیکن مجھے آج تک یہ یقین ہے کہ ایک دوست کی حیثیت سے میں نے انھیں صحیح مشورہ ہی دیا تھا۔ ان کے مزاج کا آدمی سیاست میں ہمیشہ پٹے گا۔

مجلسِ احرار کا ذکر طول اس لیے پکڑ گیا کہ یہ جماعت نسبتہً زیادہ فعال تھی۔ اس کا یہ مطلب نہیں کہ دوسری سیاسی پارٹیوں کی حالت اس سے کچھ بہتر تھی۔ کانگرس کا دائرۂ عمل سکڑ کر صرف شہری ہندوؤں تک محدود ہو کر رہ گیا تھا اور شاید اسی کا نتیجہ تھا کہ کانگرسیوں کا زیادہ وقت اپنے جماعتی مخالفوں کی بجائے خود ایک دوسرے کے خلاف لڑنے میں بسر ہوتا تھا۔ پنجاب میں کانگرس کے دو دھڑے تھے۔ ایک کی راہ نمائی ڈاکٹر ستیہ پال کر رہے تھے اور دوسرے کی ڈاکٹر گوپی چند بھارگو۔ عام طور پر مشہور ہے کہ سیاست میں جو ڈاکٹر شریک ہوئے وہ یا تو موسوم تھے یا اپنے پیشے میں ناکام۔ لیکن یہ دونوں ڈاکٹر باقاعدہ ڈگری یافتہ تھے اور اپنے پیشے میں بھی مہارت رکھتے تھے۔ ڈاکٹر ستیہ پال کے تو مجھے زیرِ علاج رہنے کا بھی موقع ملا ہے۔ جہاں تک جوشِ عمل کا تعلق ہے ڈاکٹر ستیہ پال کو ڈاکٹر گوپی چند پر فوقیت حاصل تھی اور یہ بھی سچ ہے کہ انہیں ترقی خواہ عناصر

کا تعاون زیادہ حاصل تھا جو مسلمان کانگرس میں شامل تھے ان میں سے بیشتر انھیں کے ساتھ تھے۔ اگر کانگرس پنجاب میں فعال جماعت ہوتی تو بلا شبہ ڈاکٹر ستیہ پال، ڈاکٹر بھارگو کو پچھاڑ دیتے لیکن کانگرس پنجاب میں فعال جماعت نہیں تھی اور اس سے بھی بڑی بات یہ کہ جہاں ڈاکٹر ستیہ پال اس حقیقت کو تسلیم نہیں کرتے تھے وہاں ڈاکٹر گوپی چند نے اس حقیقت کو تسلیم کر لیا تھا۔ یہ سمجھ کر کہ کانگرس کا دائرۂ عمل صرف پنجاب کے شہری ہندوؤں تک محدود ہے، وہ ان کے اس قسم کے مطالبات کی تائید بھی کر دیتے تھے جو قومی مفاد کی کسوٹی پر پورے نہیں اترتے تھے۔ مثال کے طور پر جب یونینسٹ حکومت نے کچھ ایسے قوانین پاس کرنا چاہے جو دیہی آبادی کے حق میں تھے تو شہری تجارت پیشہ طبقے نے انھیں کالے قوانین کا نام دے کر ان کے خلاف راست اقدام شروع کیا۔ ہر شخص جانتا تھا کہ اس معاملے میں شہری تاجروں کو جو بیشتر ہندو تھے ڈاکٹر گوپی چند بھارگو کا مشورہ اور حمایت حاصل ہے۔ صرف کانگرسی ہی نہیں بلکہ ایسے کئی لوگ بھی جو اپنے آپ کو سوشلسٹ اور کمیونسٹ کہتے تھے، اس ایجی ٹیشن میں گرفتار ہوئے اور اس طرح اس حقیقت کو نمایاں تر کر دیا کہ سیاست کسی اصول اور ضابطے کی پابند نہیں۔

ایک اور چیز جو ان دونوں کی لڑائی میں فیصلہ کن ثابت ہوئی یہ تھی کہ ڈاکٹر گوپی چند ڈاکٹر ستیہ پال کے مقابلے میں کانگرس کے مرکزی لیڈروں کے زیادہ اطاعت شعار تھے۔ کہتے ہیں کہ ایک مرتبہ سردار پٹیل ڈاکٹر ستیہ پال کے مہمان تھے تو ڈاکٹر گوپی چند ان سے ملنے گئے۔ مہمان اور میزبان ایک صوفے پر بیٹھے ہوئے تھے۔ ڈاکٹر بھارگو کے لیے بھی صوفے پر جگہ خالی کی گئی لیکن وہ یہ کہہ کر سردار پٹیل کے قدموں میں بیٹھ گئے کہ میں تو یہیں ٹھیک ہوں۔

سوشلسٹ پارٹی کانگرس ہی کا ایک حصہ تھی اور کانگرس کو زیادہ بیداری اور ترقی پسند بنانے میں مصروف تھی لیکن اپنی بقا کے لیے اس کا زیادہ انحصار چونکہ کانگرسیوں پر تھا اس لیے یہ کچھ زیادہ فعال نہیں ہونے پاتی تھی۔ کمیونسٹ پارٹی ان دنوں بابا گروپ کے ہاتھ میں تھی۔ یہ گروپ غدر پارٹی کے باقیات میں تھا اور اس کے پاس پیسے کی کمی نہیں تھی، کچھ روپیہ تو وہ گردواروں سے اکٹھا کر لیتے تھے لیکن یہ عام طور پر مشہور تھا کہ کہیں کوئی دستِ غیب بھی ہے۔ یہ لوگ بھی سوشلسٹ پارٹی کے توسل سے کانگرس کے اندر ہی کام کرتے تھے۔ زیادہ تر وہ دیہاتی میلوں اور مذہبی اجتماعوں

ہی سے پلیٹ فارم کا کام لیا کرتے تھے۔ وہاں وہ کچھ اس قسم کی تقریریں کرتے تھے کہ بابا نانک ہندوستان کے پہلے کمیونسٹ تھے۔ ان کے مخالفوں کا کہنا تھا کہ وہ اس قسم کے اجتماعوں کے فوٹو لے کر باہر بھیج دیتے تھے جہاں یہ ظاہر کیا جاتا تھا کہ کمیونسٹ پارٹی اتنے بڑے اجتماع کرنے کی اہل ہے۔ ان کے پاس اگر پیسے کی کمی نہیں تھی تو ان کے مخالفوں کے نزدیک اس کا باعث یہی فوٹو تھے۔

مُسلم لیگ اُن دنوں صرف ایک فرد پر مشتمل تھی جس کا نام ملک برکت علی تھا۔ بعد میں ڈاکٹر عاشق حسین بٹالوی بھی ان سے مل گئے۔ ظاہر ہے کہ جس پارٹی کا تار و پود اتنا مختصر ہو وہ اظہارِ خیال کرتے رہنے کے سوا سیاسی اقدام اور کیا کر سکتی تھی؟ ملک برکت علی کامیاب وکیل اور نفیس اور فارغ البال آدمی تھے۔ اور ان کے مزاج میں صاحبی بھی تھی۔ ڈاکٹر بٹالوی کا کہنا ہے کہ ایک مرتبہ انھیں ڈرائیور کی ضرورت تھی۔ ڈاکٹر بٹالوی ایک داڑھی والے مسلمان کو اپنے ساتھ لے گئے اور اس کے اوصاف بتاتے وقت اس کی دیانت کا بھی ذکر کیا۔ ملک صاحب کہنے لگے: ڈاکٹر صاحب آپ ٹھیک کہتے ہوں گے لیکن اس کی داڑھی آپ کے قول کی تردید کر رہی ہے۔

ترقی پسند ادب کا غلغلہ لاہور میں ترقی پسند مصنفین کی پہلی کانفرنس کے فوراً ہی بعد شروع ہو گیا تھا جو ۱۹۳۶ء میں لکھنؤ میں ہوئی تھی۔ اس کی ایک وجہ یہ بھی تھی کہ اس طائفے کے جو نیازمندانِ لاہور کے نام سے مشہور تھا، ایک ممتاز رکن پروفیسر محمد دین تاثیر ترقی پسند ادب کی تحریک کے اوّلین داعیوں میں سے تھے۔ تحریک کا پہلا منشور جولندن سے شائع ہوا اس پر سجاد ظہیر اور ان کے چار پانچ دوسرے رفقا کے ساتھ تاثیر کے دستخط بھی تھے جو اُن دنوں اعلیٰ تعلیم کے لیے انگلستان گئے ہوئے تھے۔ منشور پر اُن کے دستخط دیکھ کر نیازمندانِ لاہور کے ادبی حلقے کے کچھ پرانے رکن اور کچھ نئے وابستگان، جو نیت امام کی دہی ہماری کا نعرہ بلند کر کے ترقی پسند ادب کا کلمہ پڑھنے لگے۔ نظریے کے بلند آہنگ مبلغ چراغ حسن حسرت تھے جو اب اسلام کے ساتھ ساتھ ترقی پسندی کے مفسر بھی بن گئے تھے۔ یہ وہی چراغ حسن حسرت تھے جن پر ن۔ م۔ راشد نے "اشتراکی مسخرے" کے عنوان سے بعد میں اپنی نظم لکھی۔

ترقی پسند مصنفین پنجاب کے باہر کافی معتوب تھے اور انھیں کمیونسٹ سمجھ کر حکومت ان کے درپے آزار بھی رہتی تھی۔ لیکن پنجاب میں یہ عجیب بات تھی کہ ترقی پسند ادب کے سرگرم حامی صرف یہی نہیں کہ سرکار کے معتوب نہیں ہوئے بلکہ اس تحریک میں امتیاز ان کے دنیاوی فروغ کا باعث بن گیا اور انجمن ترقی پسند مصنفین کی سکریٹری شپ کو تو سرکاری ملازمت کے حصول کا زینہ سمجھا جانے لگا۔ انجمن کے پہلے سکریٹری سومناتھ چِب تھے جو انگلستان سے اعلیٰ تعلیم حاصل کرکے آئے تھے۔ سکریٹری بننے کے کچھ ہی دن بعد انھیں بہت اچھی سرکاری ملازمت مل گئی۔ ان کے جانشین کرشن چندر بنے جن کی دوستی کا مجھے شرف حاصل تھا۔ کچھ ہی مدت بعد وہ بھی آنکھوں میں آنسو بھر کر تشریف لائے اور یہ دردناک خبر سنائی کہ انھوں نے سرکاری ملازمت قبول کرلی ہے یا خود ان کے اپنے الفاظ میں خود کو فروخت کردیا ہے۔ وہ غالباً اس امید میں آئے تھے کہ میں ان سے اظہارِ ہمدردی کروں گا اور بہت ممکن ہے کہ گالیاں بھی بکنے لگوں لیکن جب میں نے مبارکباد پیش کی تو انھیں یک گونہ صدمہ ہوا۔ وہ اپنے جذبۂ شہادت کی تسکین چاہتے تھے۔ میں نے اپنی حماقت سے انھیں اس لذت سے محروم کردیا۔

کرشن چندر مجھ پر واقعی مہربان تھے۔ وہ خود سلیقے کی زندگی بسر کرتے تھے اور چاہتے تھے کہ میں بھی سلیقے کی زندگی بسر کروں۔ اپنے لباس کے بارے میں وہ کافی محتاط تھے اور مراسم قائم کرنے اور انھیں نباہنے کے آداب بھی انھیں آتے تھے۔ مجھ سے اکثر کہا کرتے تھے کہ کامیابی کے لیے دو چیزوں کی ضرورت ہے: اچھا لباس اور رہنے کی معقول جگہ جہاں دوستوں کی مدارات کی جاسکے۔ ان دنوں ان کے ہیرو ملک راج آنند تھے جن کی کچھ کتابیں یورپ میں چھپ چکی تھیں۔ ایک بار وہ آئے تو میں، کرشن چندر اور نریندر ناتھ[1] سیٹھ ان سے ملنے کے لیے سومناتھ چِب کی کوٹھی پر گئے۔ ملاقات کا وقت کرشن چندر نے طے کیا تھا۔ لیکن جب ہم وہاں پہنچے تو نہ کوٹھی پر ملک راج آنند تھے اور نہ صاحبِ خانہ۔ ہم تینوں انتظار کرتے رہے اور وہ کافی دیر بعد آئے۔ اس دوران میں میں نے اور نریندر ناتھ نے کئی بار کرشن چندر سے جو خود بھی کافی برہم ہو رہے تھے، کہا کہ ہم مزید

---

[1] اُن دنوں ڈرامے لکھا کرتے تھے آجکل سرکاری ملازمت میں ہیں۔

انتظار نہ کریں لیکن کرشن چندر نے ہمیں روکے ہی رکھا۔

کنھیا لال کپور کرشن چندر کا اکثر مذاق اڑایا کرتے تھے کہ یہ کمیونسٹ ہونے کا مدعی ہے لیکن جو کریم استعمال کرتا ہے، اس پر بورژوا لکھا ہوتا ہے۔ ایک اعتبار سے یہ زیادتی بھی تھی کیونکہ کرشن چندر ان دنوں بورژوا زندگی ہرگز بسر نہیں کر رہے تھے اور ان کا قیام ہندو ہوسٹل میں تھا جس میں کم استطاعت کے لوگ ہی رہتے تھے اور اچھا لباس بھی وہ غالباً ان دنوں اپنے افلاس کو چھپانے یا اپنے لیے ترقی کی راہیں نکالنے کے لیے ہی استعمال کرتے تھے۔

نریندر ناتھ سیٹھ کو کرشن چندر کافی ستاتے تھے اور اس کا طریقہ انھوں نے یہ ڈھونڈا تھا کہ اسے اپنی محیر العقول کامیابیوں کے قصے، جن میں جنسی فتوحات بھی شامل تھیں، سناتے رہیں۔ میں سیٹھ کو بار بار سمجھاتا کہ وہ ان دیومالائی قصوں سے اتنا مرعوب اور افسردہ خاطر نہ ہو لیکن اس غریب پر ان کا وار چل ہی جاتا تھا۔

ایک دن کرشن چندر نے بتایا کہ اس پر ایک اور افتاد پڑی ہے۔ ان کی شادی ہو رہی تھی جو اُن کے والدین نے طے کی تھی۔ اس مرتبہ کرشن چندر کے چہرے پر واقعی نُورِ شہادت برس رہا تھا لیکن میری شقاوتِ قلبی نے اس بار بھی مجھے اظہارِ ہمدردی سے باز رکھا بلکہ میں اسے تسلی دینے لگا کہ جب تحریک کا قائد سجاد ظہیر برادری میں شادی کر سکتا ہے تو اسے اس معاملے میں اپنے ماں باپ کی اطاعت سے انکار کیوں ہو؟

کنھیا لال کپور کا کوئی مسئلہ تھا ہی نہیں۔ وہ ڈی۔ اے۔ وی کالج میں انگریزی کے استاد تھے اور اپنی تنخواہ کے علاوہ کچھ روپیہ وہ کتابوں کی کنجیاں لکھ کر بھی کما لیتے تھے۔ انگریزی ادب کے وہ بلاشبہ ذہین طالب علم تھے جب بھی ان سے بات ہوتی ان کی واقفیت کا قائل ہونا پڑتا لیکن جو کچھ وہ لکھتے تھے وہ ان کے اپنے قائم کردہ معیار کے مقابلے میں بہت حقیر ہوتا اور اپنے دوست ادیبوں کی نگارشات پر اظہارِ خیال کرتے ہوئے بھی وہ اپنے تنقیدی معیاروں کو اکثر بھول جاتے تھے۔ میں نے ایک بار اس تضاد کی طرف ان کی توجہ دلائی تو انھوں نے جواب میں صرف اتنا کہا: سب چلتا ہے۔

"سب چلتا ہے" یہ ایک ایسی کلید ہے جو اسمِ اعظم کا حکم رکھتی ہے۔ اس کی مدد سے اُس دور کی

ادبی سیاست کا ہر عقدہ وا ہو جاتا ہے۔ نظریوں سے وابستگیوں، دوستیوں بلکہ ہر قدر کی حیثیت اُن دنوں اتنی تھی کہ وہ مادّی مقاصد کی منزل تک پہنچنے کی سیڑھیاں تھیں۔ اس ذہنیت کے ساتھ آدرشوں کی دہائی دینے کے لیے بڑے ہی دل گردے کی ضرورت تھی۔

ترقی پسند ادب کا ان دنوں شہرہ تو بہت تھا لیکن اس کا کوئی واضح مفہوم بیشتر ادیبوں کے ذہن میں نہیں تھا۔ ترقی پسند مصنفین کا اپنا جریدہ بھی "نیا ادب" کے نام سے شائع ہوتا تھا اور نیا ادب ایک ایسا پرچم تھا جس کے جھنڈے تلے سبھی ادیب جو کسی نہ کسی پہلو سے جدّت پسندی کا ثبوت دیں یا جدّت پسندی کے مدعی ہوں، جمع ہو سکتے تھے۔ یو۔ پی میں ترقی پسند ادب کے حامیوں کا چونکہ کانگرس سے رابطہ تھا اس لیے اس کا سیاسی پہلو نمایاں تھا۔ پنجاب میں ایسی کوئی بات نہیں تھی۔ ترقی پسند میراجی اور سعادت حسن منٹو تک کو اپنی صف کا آدمی قرار دیتے تھے۔ اس کی ایک وجہ غالباً یہ بھی تھی کہ میراجی ان دنوں "ادبی دنیا" کے نائب مدیر تھے اور نئے لکھنے والے خواہ وہ ترقی پسند ہوں یا نہیں، اس جریدے کو حصولِ شہرت کا ذریعہ سمجھتے تھے۔ فرائڈیت اور مارکسیت کا باہمی تضاد بہت بعد میں ترقی پسندوں کی سمجھ میں آیا۔ ان دنوں ان دونوں کے ڈانڈے ملے ہوئے تھے۔ ترقی پسندی کے بارے میں ان دنوں کتنا ابہام تھا اس کا اندازہ اس سے بھی لگایا جا سکتا ہے کہ اپندر ناتھ اشک کے نزدیک ترقی کا مطلب یہ تھا کہ وہ کامیاب ترین افسانہ نگار بن جائیں۔

کرشن چندر اور اپندر ناتھ اشک کی آمد اس بات کا اعلان تھی کہ اب ادب کے میدان میں قلندری کا دَور ختم ہوا۔ دوسرے ادیبوں کے برعکس جو لاؤبالی تھے اور ادبی کام کو کاروبارِ زیاں سمجھ کر کرتے تھے، یہ دونوں حصولِ کامیابی کے واضح پروگرام کے تحت ہر قدم ناپ تول کر اٹھاتے تھے۔ کرشن چندر اس معاملے میں زیادہ زیرک تھے۔ وہ ہر جریدے کے مدیر کی ناز برداری کرتے اور کسی نہ کسی حیلے سے اپنے حق میں کچھ لکھوا لیتے جب ان کی کوئی تحریر کہیں شائع ہوتی تو وہ اپنے دوستوں سے کہتے کہ وہ اس کی تعریف میں مدیر کو خط لکھیں۔ "ادبِ لطیف" کی ادارت ان دنوں میرزا ادیب کے سپرد تھی جو بڑے ہی شریف اور مظلوم صورت آدمی تھے اور ان کی شرافت سے فائدہ اٹھا کر دوست اکثر ان کا مذاق اُڑاتے رہتے تھے۔ ایک بار وہ، میں، کرشن چندر اور مرحوم چودھری برکت علی

"ادب لطیف" کے دفتر میں بیٹھے تھے۔ "صحرا نورد کے خطوط" کا نیا ایڈیشن چھپنے والا تھا اور اس کے ڈسٹ کور کا ڈیزائن بن کر آیا تھا جس پر آرٹسٹ نے ایک جن کی تصویر بنائی تھی۔ چودھری صاحب نے یہ ڈیزائن دکھایا تو میری رگِ ظرافت پھڑکی اور میں نے میرزا ادیب سے مخاطب ہو کر کہا: "بھئی میرزا ڈیزائن تو خوب ہے لیکن آرٹسٹ نے تمھاری تصویر ٹھیک نہیں بنائی۔" میرزا ادیب قدرتی طور پر برہم ہوئے لیکن چودھری برکت علی اور کرشن چندر کے رویّے میں نمایاں فرق تھا۔ جہاں چودھری برکت علی نے میرے فقرے کو لطیفہ سمجھ کر اس سے لُطف لیا وہاں کرشن چندر نے اس لمحۂ غنیمت سے فائدہ اٹھا کر میرزا ادیب کی خوشنودی حاصل کرنے کی کوشش کی۔ میرزا ادیب نے میری زیادتی کا انتقام یہ لیا کہ ایم اسلم کو میرے خلاف بھڑکا دیا کہ میں جہاں بیٹھتا ہوں ان کے خلاف فقرے بازی کرتا ہوں۔ اسلم صاحب نے اس کی شکایت مولانا تاجور سے کی، تو انھوں نے مجھ سے پوچھا کہ مجھے ایم۔ اسلم سے کیا کد ہے؟ میری ایم۔ اسلم سے نہ اس وقت تک ملاقات ہوئی تھی نہ اس کے بعد ہوئی اس لیے کد کا سوال ہی پیدا نہیں ہوتا تھا۔ میرے انکار پر مولانا نے مشورہ دیا کہ میں ایم۔ اسلم تک یہ بات پہنچا دوں لیکن دورانِ گفتگو چونکہ مجھے مخبر کا پتہ چل چکا تھا اس لیے میں نے ایسا کرنا مناسب نہیں سمجھا۔ میں پہلے ہی میرزا سے زیادتی کر چکا تھا۔ انھیں جھوٹا ثابت کر کے مزید زیادتی کرنے کا حوصلہ نہ ہوا۔

حلقۂ نیازمندانِ لاہور کے اراکین جو پنجاب کی ادبی زندگی میں اب کافی مؤثر تھے۔ کرشن چندر کی دوستی کا ہدفِ خصوصی تھے اور "ادبی دنیا" کے مدیر صلاح الدین احمد کے دربار میں تو وہ روزانہ حاضری دیتے تھے۔ مولانا کی بھی ان پر خصوصی نوازش تھی۔ مجھے یاد نہیں پڑتا کہ "ادبی دنیا" میں ان کا کوئی افسانہ شائع ہوا ہو اور مولانا نے اس پر طویل تعریفی نوٹ کا اضافہ نہ کیا ہو۔ "شاہکار" کے لیے افسانہ دیتے وقت مجھ سے بھی انھوں نے یہی کہا تھا کہ میں اس پر ایک تعریفی نوٹ لکھ دوں اور ان کا یہ مطالبہ میں نے بخوشی پورا کر دیا تھا۔ ان دنوں کرشن چندر افسانے بھی اچھے لکھتے تھے۔ فارمولائی افسانے لکھنا انھوں نے بعد میں شروع کیا۔

سیاست میں پہلا قدم کرشن چندر نے کیمونسٹ پارٹی کے خلاف اٹھایا تھا۔ لاہور میں نوجوانوں کے ایک محدود سے حلقے میں ان دنوں ایم۔ این۔ رائے کے خیالات مقبول ہو رہے

تھے۔ ان خیالات کے اوّلین مبلّغ عبداللہ صفدر تھے جو ماسکو کے تربیت یافتہ کمیونسٹ تھے۔ وہ تحریک ہجرت کے دوران میں روس گئے تھے اس لیے دوسرے مہاجرین کی طرح ان کے گرد بھی ایک رومانوی سا ہالہ پیدا ہوگیا تھا۔ اور ایم۔ این۔ رائے کا ماضی تو دیو مالائی تھا۔ وہ کامنٹرن کے ممبر رہ چکے تھے۔ یورپ کی متعدد کمیونسٹ پارٹیوں میں انھیں راہ نمایانہ مقام حاصل تھا اور چین کی انقلابی تحریک کی باگ ڈور بھی کچھ دن انھیں کے ہاتھ میں رہی تھی جن لوگوں نے ہندوستانی کمیونسٹ پارٹی کی تاریخ پڑھی ہے وہ یہ بھی جانتے ہیں کہ یہاں کی تحریک بھی شروع میں باہر سے وہی چلاتے رہے۔ ان کی یہ شہرت بھی تھی کہ بحث میں انھوں نے لینن تک سے لوہا لیا تھا اور جزواً اپنا نقطۂ نظر اس سے منوا بھی لیا تھا لیکن اسٹالن کے دور میں وہ منحرف قرار پائے تھے اور کامنٹرن سے نکال دیے گئے تھے۔

عبداللہ صفدر کو ساتھی ملنے میں دیر نہیں لگی۔ کرشن چندر، نریندر ناتھ سیٹھ اور ہم سب اس گروہ میں شامل ہو گئے۔

ہم لوگ کمیونسٹوں کا اس بات پر بڑا مذاق اُڑاتے تھے کہ وہ بات بات پر مارکس اور لینن کا حوالہ دیتے ہیں اور اپنے ذہن سے کام لینے کی ضرورت محسوس نہیں کرتے۔ اپنے مزید ساتھی پیدا کرنے کے لیے ہم نے پیپلز کلب کے نام سے ایک کلب قائم کیا جس کی واحد سرگرمی یہ تھی کہ وہاں دن رات سیاسی بحثیں ہوتی رہتی تھیں۔ ایک دو ٹریڈ یونینیں بھی ہم نے بنا ڈالیں۔ کرشن چندر ان سب سرگرمیوں میں شریک تھے لیکن کھل کر بات کرنے سے وہ کترا پہلو بچاتے تھے۔ کمیونسٹوں سے ان کا میل جول رفتہ رفتہ شروع ہوا۔ اب ماضی کے واقعات پر نظر ڈالنے سے ایسا محسوس ہوتا ہے کہ یہ سب کچھ انھوں نے سوچی سمجھی اسکیم کے تحت کیا تھا۔ اگر وہ شروع ہی میں کمیونسٹ پارٹی سے جا ملتے تو شاید ان کی اتنی پذیرائی نہ ہوتی۔ وہ محدود بغاوت کی راہ پر چل کر اپنی قدر و قیمت بڑھانا چاہتے تھے۔

میراجی کا عالم یہ تھا کہ:

نرالی وضع ہے، سارے زمانے سے نرالے ہیں
یہ عاشق کون سی بستی کے یارب رہنے والے ہیں

ایک تو انھوں نے اپنی ہیئت کذائی ہی مجنونانہ بنا رکھی تھی، اس پر نظمیں وہ ایسی لکھتے تھے جو معدودے چند لوگوں کی سمجھ ہی میں آسکتیں۔ کسی ایڈیٹر کو نظم بھیجتے وقت وہ خط لکھتے تو اس پر یہ ضرور لکھ دیتے "یہ خط ہے نظم نہیں" حیرت ہے کہ ان کی نظم جتنی پُرپیچ ہوتی تھی ان کی نثر اتنی ہی سادہ۔ "ادبی دنیا" میں جس کے وہ نائب مدیر تھے، انھوں نے مختلف یورپی ادیبوں اور شاعروں پر جو مضامین لکھے انھیں معمولی سوجھ بوجھ رکھنے والا شخص بھی سمجھ سکتا تھا۔ ان سے ان کے ذہنی بلوغ کا بھی پتہ چلتا تھا اور ان کی وسعتِ معلومات کا بھی۔ ان کے گرد اچھا لکھنے والے شاعروں کا ایک باقاعدہ حلقہ پیدا ہو گیا تھا جو نظم میں ان کا تتبع کرتے تھے۔ انہی نوجوانوں نے ان کی راہ نمائی میں حلقۂ اربابِ ذوق کی بنیاد رکھی تھی۔ ان دنوں انجمن ترقی پسند مصنفین حلقے کو اپنا حریف نہیں سمجھتی تھی اور ترقی پسند ادیب اس کے جلسوں میں شریک ہوتے تھے۔ حلقے کے 'سازشی' خط و خال ترقی پسندوں کو بہت دن بعد نظر آئے جب انھوں نے میراجی کے خلاف باقاعدہ جہاد شروع کیا۔

میں میراجی کی شاعری کا مدّاح تھا۔ ان کی تحریروں کو بڑے شوق سے پڑھتا تھا اور جو لوگ ان کی نظموں کو مہمل بتاتے تھے، ان سے بحثتا بھی تھا۔ لیکن ذاتی سطح پر میرا ان کے ساتھ تعلق رسمی علیک سلیک سے کبھی آگے نہیں بڑھا۔ گریز میری طرف ہی سے تھا۔ ان کی شاعری کا مدّاح ہونے کے باوجود ان کی حرکات کو برداشت کرنے کی تاب مجھ میں نہیں تھی۔ ان کے متعلق لوگوں نے عجیب و غریب قصے مشہور کر رکھے تھے جنھیں سُن کر یہ گمان گزرتا تھا کہ وہ فاتر العقل ہی نہیں بلکہ ایک خطرناک آدمی بھی ہیں۔ ان قصّوں کی صحت یا عدم صحت کے بارے میں میں نے کبھی چھان بین نہیں کی کیونکہ قیاس یہی کہتا تھا کہ جس شخص کی داڑھی اتنی میلی رہتی ہو، جو گرمیوں کے دنوں میں بھی اوور کوٹ پہنتا ہو اور کرسی پر اُکڑوں بیٹھتا ہو، وہ جو بھی کر گزرے کم ہے۔ یہ بات میری سمجھ میں نہ اس وقت آئی تھی نہ اب آتی ہے کہ شاعر کے داخلی انتشار کا مظاہرہ اس کے خارجی اطوار میں کیوں ضروری ہے؟

جو نوجوان شاعری میں میراجی کی تقلید کرنے کی کوشش کر رہے تھے یا ان کے مدّاحِ خصوصی تھے، وہ بھی حلیے [illegible] معاملے میں ان کی پیروی کی کوشش نہیں کرتے تھے۔ قیوم نظر

سرکاری ملازم تھے اور یوسف ظفر، میاں بشیر احمد کے "ہمایوں" کے نائب مدیر تھے۔ یہ دونوں ہی معقول صورت آدمی تھے اور ان کے طور طریقے بھی عام آدمیوں سے مختلف نہیں تھے۔

میراجی کے ایک شاگرد مبارک احمد سے، جن کے متعلق مشہور تھا کہ وہ اطوار میں بھی میراجی سے تھوڑی بہت مشابہت رکھتے ہیں، تقسیم سے چند ہی ماہ قبل میری ملاقات ہوئی۔ میں نے "ادبِ لطیف" کی ادارت سنبھالی ہی تھی کہ وہ اپنی ایک نظم لے کر پہنچ گئے۔ میں نے نظم دیکھ کر سرسری سے لہجے میں کہا کہ نظم چھپ جائے گی۔ لیکن ان کے چہرے پر بے یقینی کے آثار تھے جیسے وہ سمجھتے ہوں کہ میں انھیں ٹرخا رہا ہوں۔ میں نے وہ نظم شائع ہی نہیں کی بلکہ شمارے کی ابتدا اسی نظم سے کی۔ نظم دیکھ کر وہ پھر آئے۔ میں سمجھا شکریہ ادا کرنے آئے ہیں لیکن یہ بات نہیں تھی۔ ان کے خیال میں میں نے ان کی نظم سمجھے بغیر ہی شائع کر دی تھی، اگر سمجھ لیتا تو اسے ہرگز شائع نہ کرتا کیونکہ اپنے مفہوم کے لحاظ سے یہ بڑی ہی قابلِ اعتراض تھی۔ اس نظم کو لے کر وہ میرے کئی پیشرووں کے پاس آئے تھے اور سب نے اسے خطرناک اور ناقابلِ اشاعت سمجھ کر لوٹا دیا تھا۔ ظاہر ہے کہ اگر میں نے اسے شائع کر دیا تھا تو اس میں میری بے سمجھی کو ہی دخل ہو سکتا تھا۔

میں نے کہا مبارک احمد صاحب اس نظم کو میں تو سمجھ گیا ہوں لیکن غالباً اپنی نظم کا مفہوم پورے طور پر خود آپ نہیں سمجھے اور میرے پیشرووں نے بھی غالباً اسے مسترد اسی لیے کیا کہ آپ اس کا مفہوم انھیں قبل از وقت بتا دیتے ہوں گے۔ آپ کی دانست میں اس نظم کا موضوع استلذاذ بالید ہے اور بہت ممکن ہے کہ جب آپ نظم لکھنے بیٹھے ہوں تو آپ کی نظم کا نقطۂ آغاز یہی ہو لیکن تخلیقی عمل کی گرفت میں آ کر آپ کہیں سے کہیں پہنچ گئے اور جب یہ نظم مکمل ہوئی تو اپنے موضوع سے بہت اونچی اٹھ چکی تھی۔

میراجی ذہنی الجھنوں میں مبتلا تھے، اس کا ثبوت خود ان کی نظموں میں ملتا ہے اور اتنی اچھی شاعری ریاکارانہ نہیں ہو سکتی لیکن اپنی نیوراتی کیفیات کا اظہار جب وہ اپنے ظاہری اطوار میں بھی کرتے تھے تو بہت ممکن ہے کہ اس میں تھوڑا بہت ارادہ بھی شامل ہو۔ دوسروں کی توجہ اپنی طرف مبذول کرنے کے لیے لوگ کیا کچھ نہیں کرتے؟ یہ بھی ممکن ہے کہ جن فن کاروں کا انھوں

نے خاص طور پر مطالعہ کیا وہ چونکہ نیوراتی تھے، اس لیے ان کے طور طریقوں کو غیر شعوری طور پر انھوں نے بھی اپنا لیا ہو۔ مولوی محمد حسین آزاد کے متعلق مشہور ہے کہ وہ جنون کے عالم میں بعینہٖ وہی حرکات کیا کرتے تھے جن کا ذکر انھوں نے "آبِ حیات" میں سیّد انشا کے حالات کے بیان میں کیا تھا۔

دوسری جنگ کے خاتمے تک پنجاب کی سیاست میں یونینسٹ پارٹی کا بول بولا رہا۔ یہ ایک علاقائی پارٹی تھی اور اس کا طریقِ کار خالصتہً عملی تھا۔ نظریاتی موشگافیوں اور بلند بانگ دعاوی سے اسے کوئی علاقہ نہیں تھا اور اس کا مقصد آئینی حدود کے اندر کاروبارِ حکومت کو چلانا تھا۔ بنیادی طور پر یہ پارٹی دیہی حقوق کی ترجمان تھی اور انتخابات بھی یہ زیادہ تر دیہی حلقوں ہی سے لڑتی تھی۔ مسلم زمینداروں کی اگرچہ اس میں اکثریت تھی لیکن اس کا پروگرام فرقہ وارانہ نہیں تھا۔ ہریانہ میں اس پارٹی کی قیادت سر چھوٹو رام اور اس علاقے کے دوسرے جاٹ کرتے تھے اور سر چھوٹو رام کے متعلق سبھی جانتے ہیں کہ وہ آریہ سماجی تھے۔ ہر چند کہ دیہی حلقوں سے اس پارٹی کے اتنے نمائندے منتخب ہو کر آ جاتے تھے کہ وہ صوبے میں بلا شرکتِ غیرے اپنی وزارت بنا سکتی تھی لیکن اس نے ہمیشہ مخلوط وزارت کو ترجیح دی اور شہری ہندوؤں کو وزارت میں شریک کیا۔ شہری ہندوؤں کے نمائندے عام طور پر ہندو سبھا کے ٹکٹ پر انتخاب لڑتے تھے۔ اسمبلی کے اندر اور باہر یہ یونینسٹ پارٹی کی دیہات نوازی پر تابڑ توڑ حملے کرتے تھے اور اس پر ہندو دشمنی کا الزام بھی لگاتے رہتے تھے جس سے سب سے زیادہ برہمی سر چھوٹو رام کو ہوتی تھی۔ لیکن کاروبارِ حکومت میں یہ یونینسٹ پارٹی کے ہمیشہ حلیف بنے رہے۔ ان ہندوؤں کی شخصیتیں ایسی ہرگز نہیں تھیں کہ کوئی ان پر مسلمانوں کا دُم چھلا ہونے کا الزام لگا سکے۔ ان میں راجہ نریندر ناتھ بھی تھے، ڈاکٹر سر گوکل چند نارنگ بھی اور سر منوہر لال بھی۔

اپنی داخلی تنظیم میں بھی یونینسٹ پارٹی کسی خاص ضابطہ پرستی میں مبتلا نہیں تھی۔ اگر کسی نشست کے ایک سے زائد زمیندار دعویدار ہوتے تو یونینسٹ پارٹی دونوں ہی کو انتخاب لڑنے کی اجازت دے دیتی۔ یہ دونوں اس پارٹی کے امیدواروں کی حیثیت سے ایک دوسرے کا مقابلہ کرتے اور جو بھی جیتتا وہ یونینسٹ پارٹی کے رکن کی حیثیت سے اسمبلی میں جا بیٹھتا۔

مہر اور سالک کے "انقلاب" کو چھوڑ کر تقریباً سبھی اخبار اپنے اپنے زاویۂ نگاہ سے اس کی مخالفت کرتے رہتے تھے۔ یونینسٹ پارٹی نے ریاستی اقتدار کی مدد سے پنجاب میں نہ کانگرس کے پاؤں جمنے دیے تھے نہ مسلم لیگ کے۔ لیکن اس کا اپنا نہ کوئی خاص تعلیمی نظام تھا نہ پلیٹ فارم۔ ہر بات کا انحصار بالائی سطح کے توڑ جوڑ پر تھا۔ پنجاب کا ماحول اس کے لیے سازگار تھا۔ اقتصادی طور پر یہ صوبہ ترقی پذیر تھا جس سے طبقۂ متوسط کی خوشحالی میں اضافہ ہو رہا تھا۔ کسانوں میں زیادہ تعداد زمین مالکوں کی تھی اور فوج اور مرکزی حکومت کے دوسرے شعبوں میں بھی پنجابیوں کو اپنے تناسب سے کچھ زیادہ ہی ملازمتیں حاصل تھیں۔ لہٰذا بے اطمینانی کی جڑیں اتنی گہری نہیں تھیں کہ کوئی صحیح قسم کی عوامی جد و جہد شروع ہو سکتی۔ یونینسٹ پارٹی کی مخالف پارٹیوں کو اپنی گرمی بازار قائم رکھنے کے لیے ہمہ وقت کوئی نہ کوئی جتن کرنا پڑتا تھا جس کا نتیجہ یہ تھا کہ یونینسٹ پارٹی کی بے اصولی اور اپنی بااصولی کے تمام تر دعاوی کے باوجود ان کے لیے کسی بھی اصول پرستانہ مسلک کو اختیار کیے رہنا ممکن نہیں تھا۔

مولانا ظفر علی خاں کی نیلی پوش پارٹی بھی اسی بے اصولی اور ہنگامی سیاست کی پروردہ تھی۔ جو انھوں نے مسجد شہید گنج کی واگزاری کے لیے قائم کی تھی۔ اس کی بدولت مولانا ظفر علی خاں کی گرم بازاری بھی ہوئی اور اس کے لیے کچھ معصوم مسلمانوں کی جانیں بھی گئیں لیکن کسی سیاسی کامیابی سے مجلسِ احرار کی طرح اس پارٹی کا دامن بھی خالی رہا۔ ۱۹۳۷ء میں مولانا ظفر علی خاں نے اس پارٹی کے ٹکٹ پر مرکزی اسمبلی کا انتخاب لڑا۔ عام حالات میں کانگرس شاید ان کے مقابلے میں کوئی امیدوار کھڑا نہ کرتی لیکن میاں افتخار الدین جو ۱۹۳۵ء میں کانگرس کے ٹکٹ پر انتخاب جیت کر کانگرس میں اقتدار اور ہر دلعزیزی کی منزلیں مار رہے تھے، اپنا لوہا منوانا چاہتے تھے۔ انھوں نے ڈاکٹر ستیہ پال کی موافقت سے مولانا کے مقابلے میں ایک مسلمان امیدوار عبدالعزیز کو ڈھونڈ نکالا جو ذات سے ارائیں تھا اور پیسے والا بھی تھا۔ خیال یہ تھا کہ برادری اور پیسے کے زور پر اگر اس نے مولانا کو شکست نہ بھی دی تو کم سے کم ان کا کامیابی سے مقابلہ ضرور کر سکے گا۔ لیکن بہت جلد ثابت ہو گیا کہ انتخاب میں تھوڑی بہت کامیابی حاصل کرنا تو کجا کانگرس کے لیے مسلمانوں کے علاقوں میں اپنی انتخابی مہم چلانا بھی آسان نہیں۔

مولانا ظفر علی خاں کی انتخابی مہم میں ایک صاحب فیروزالدین کا ڈا پیش پیش تھے جو انتخابی جلسوں میں اس قسم کی تقریریں کیا کرتے تھے:

"اوئے عبدالعزیزا اوئے کانگرس دی کنیز اوئے توں ہیں کی چیز!"

ظاہر ہے کہ اس قسم کے ماحول میں کسی نظریاتی یا اصولی بحث کی کیا گنجائش تھی؟ نیلی پوشوں نے دہشت کا پورا ماحول قائم کر دیا تھا۔ کانگرس کے جن لیڈروں کے متعلق انھیں شبہ تھا کہ انھوں نے عبدالعزیز کو مولانا کے مقابلے پر کھڑا ہونے کی شہ دی ہے' ان کے گھروں کے سامنے انھوں نے مظاہرے بھی کیے۔ ڈاکٹر ستیہ پال کی کوٹھی کے سامنے مظاہرے کا عینی شاہد میں تھا۔ یہ کوٹھی نسبت روڈ پر تھی جو قریب قریب ہندو علاقہ تھا۔ مولانا کے حامی ڈاکٹر صاحب کو گفتنی ناگفتنی جو اُن کے جی میں آیا کہتے رہے۔ نہ کوئی کوٹھی سے باہر نکلا اور نہ کسی نے جوابی نعرہ لگایا۔ مظاہرین تبھی واپس گئے جب وہ ہڑبونگ مچاتے مچاتے تھک گئے۔

کانگرسیوں نے اپنی بے بسی کا ازالہ کرنے کے لیے صوبہ سرحد سے سرخ پوش بلائے اور یہ ناممکن نہیں تھا کہ وہ نیلی پوشوں کی ہڑبونگ کے مقابلے میں ڈٹ جاتے لیکن اس وقت تک کانگرس کا امیدوار عبدالعزیز ہمت ہار چکا تھا۔ مقابلہ سے دست برداری کے لیے اس نے ایک عجیب ڈرامہ کھیلا۔ اخبارات میں خبر شائع ہوئی کہ عبدالعزیز اور مولانا ظفر علی خاں کے حامی ایک جگہ جمع ہوئے اور انھوں نے جدالِ بین المسلمین کو روکنے کے لیے یہ طے کیا کہ انتخاب کا فیصلہ ووٹوں کی بجائے قرعہ اندازی سے کر لیا جائے۔ قرعہ اندازی کی گئی اور ہاتف نے فیصلہ مولانا ظفر علی خاں کے حق میں دے دیا۔

ظاہر ہے کہ کوئی بھی شخص اس داستان کو باور نہیں کر رہا تھا۔ کانگرس کی یہ بہرحال شکست تھی جس کا اس کے مستقبل پر گہرا اثر پڑا۔ پنجاب کے مسلمانوں میں کانگرس کو مقبولیت پہلے بھی کچھ زیادہ حاصل نہیں تھی، اس کے بعد رہا سہا بھرم بھی جاتا رہا۔

اگر معاملہ صرف سیکولرزم کا ہوتا تو پنجاب میں کانگرس کے قدرتی حلیف یونینسٹ تھے لیکن یونینسٹ پارٹی سے کانگرس کو، جسے وہ ایک برطانیہ نواز پارٹی سمجھتی تھی، باقی باتوں میں اختلاف تھا۔ ویسے بھی اقتدار کے معاملے میں اس کی حقیقی حریف یونینسٹ پارٹی ہی تھی چنانچہ اسے

شکست دینے کے لیے کانگرس احراریوں اور سابق احراریوں کی چھوٹی موٹی پارٹیوں کی حمایت کرتی رہی اور معاملہ سلجھنے کی بجائے الجھتا رہا۔ یونینسٹ پارٹی اور بعد میں مسلم لیگ کے لیے مشکلات پیدا کرنے کے لیے احراریوں نے ہر قسم کے محاذ باندھے اور مختلف النوع نعرے ایجاد کیے۔ ایک نعرہ حکومت الٰہیہ کا بھی تھا۔ ظاہر ہے کہ یہ نعرہ سیکولرازم کی مکمل ضد تھا۔ لیکن اس قسم کے نعرے لگانے والوں کے متعلق بھی یہ مشہور تھا کہ کانگرس انھیں اپنا بنیادی حریف ماننے کی بجائے درپردہ اپنا حلیف سمجھتی ہے۔

کچھ قوم پرست مسلمان سیاسی کارکن کانگرس کے ساتھ ضرور تھے اور ان کا کوئی دشمن بھی یہ نہیں کہہ سکتا کہ کانگرس سے ان کی وابستگی کا باعث عقیدے کے سوا کچھ اور بھی تھا۔ لیکن جہاں تک مسلم عوام کا تعلق ہے، ان میں کانگرس کی مقبولیت ختم ہوتی جا رہی تھی۔ کچھ مسلمان کانگرسی تو قوم پرستی میں اتنے غالی تھے کہ جب ملک تقسیم ہوا تو صرف ہندوؤں ہی نے مغربی پنجاب سے ہجرت نہیں کی بلکہ وہ بھی ان کے ساتھ چلے آئے مثلاً خلیفہ فضل دین اور خان غازی کابلی۔ لیکن ظاہر ہے کہ معدودے چند لوگ خواہ کتنے ہی مخلص کیوں نہ ہوں، ایک دھارے کا رُخ نہیں موڑ سکتے۔

میاں افتخار الدین اور ان کے کچھ ساتھیوں کا خیال تھا کہ اقتصادی مباحث کو بڑھا کر کانگرس مسلمانوں میں مقبولیت حاصل کرسکتی ہے لیکن یہ نسخہ کارگر یوں نہیں ہوتا تھا کہ شہروں کو چھوڑ کر جہاں تجارت زیادہ تر ہندوؤں کے ہاتھ میں تھی، پنجاب کے مسلمان محروموں کا گروہ ہرگز نہیں تھے۔ پھر جیسا کہ میں ایک بار پہلے ذکر کر چکا ہوں پنجاب کی کانگرس کئی ایسے ایجی ٹیشنوں کی حمایت بھی کر جاتی تھی جو خالصتہً تجارت پیشہ طبقے کی حمایت میں چلائے جاتے تھے۔ سوشلزم کی بات اگر اونچی لے میں کہی جاتی تو اس سے دیہاتی مسلمانوں کی برہمی کا امکان تھا جن میں سے بیشتر زمین کے مالک تھے چنانچہ میاں افتخار الدین اور ان کے دوسرے یساری ساتھیوں کا موقف سیاسی کارکنوں کی نجی مجلسوں میں تو موضوع گفتگو بنتا تھا لیکن بات اس سے آگے نہیں بڑھتی تھی۔ اس کے علاوہ میاں افتخار الدین کانگرسی کم اور کمیونسٹ زیادہ تھے۔ زیرک کانگرسی لیڈروں کی نظر سے یہ مخفی نہیں تھا کہ وہ کانگرس میں کمیونسٹوں کی نفوذ کی حکمت عملی کے تحت شامل ہوئے ہیں۔ ان کانگرسیوں کے خیال کی تائید بعد میں اس وقت ہوئی جب مسلم لیگ

نے پوری طرح زور پکڑ لیا اور کمیونسٹ پارٹی نے پاکستان کے قیام کی حمایت شروع کی۔ جن کانگرسی مسلمانوں نے کمیونسٹ پارٹی کے ایما پر کانگرس کو چھوڑ کر مسلم لیگ میں شرکت کی ان میں میاں افتخار الدین بھی شامل تھے۔

۱۹۳۰ء کے اواخر میں پنجاب میں کانگرس کے مشہور لیڈر ڈاکٹر ستیہ پال نے نیشنل کانگرس" کے نام سے اُردو روزنامہ نکالا تو میں" شاہکار" چھوڑ کر اس میں چلا گیا! اس اخبار کا مقصد پنجاب میں کانگرس کی پالیسیوں کا پرچار اور فرقہ وارانہ ذہنیت کا مقابلہ کرنا تھا۔ منتظمین چاہتے تھے کہ اخبار کو ہندو اور مسلمان دونوں پڑھیں۔ اس کے ادارۂ تحریر میں جہاں ایک طرف چراغ حسن حسرت اور باری علیگ تھے، وہاں دوسری طرف پنڈت میلا رام وفا بھی تھے۔ یہ تینوں حضرات پنجاب کی صحافت میں کافی ممتاز تھے۔ لیکن یہ اہلِ قلم زیادہ تھے اور صحافی کم۔ "ملاپ" "انذ" "پرتاپ" کی ادارتی پالیسی خواہ کچھ بھی ہو لیکن خبروں کے معاملے میں کافی اپٹوڈیٹ تھے۔ اس معاملے میں باری صاحب کو تو تھوڑی بہت سدھ بُدھ تھی بھی لیکن حسرت اور وفا صاحب کو تو اپنے زورِ قلم کی داد وصول کرنے کے سوا اور کسی بات میں دلچسپی ہی نہیں تھی۔ پھر کانگرسی کارکنوں نے اخبار کے دفتر میں اچھا خاصا پنچایتی راج قائم کر رکھا تھا۔ ہر شہر اور ہر قصبے کے کانگرسی یہ چاہتے تھے کہ ان کے شہر یا قصبے کی کانگرسی سرگرمیوں کی خبریں ہر صورت میں شائع ہوں جس کا نتیجہ بسا اوقات یہ ہوتا کہ دوسری اہم خبریں شائع ہونے سے رہ جاتیں۔ مجھے یاد ہے کہ ایک مرتبہ ایک کانگرسی کارکن اس بات پر برہم ہو گیا تھا کہ اس کی بھینس کی چوری کی خبر شائع ہونے سے رہ گئی تھی۔ کئی بار کانگرسی اپنی خبروں پر ڈاکٹر ستیہ پال کی سفارش بھی لکھوا لاتے۔ ڈاکٹر صاحب کا نام اخبار پر چیف ایڈیٹر کی حیثیت سے چھپتا تھا، لہٰذا ان کی سفارش حکم نامہ ہوتی تھی۔ ایک مرتبہ ایک صاحب ان سے ایک ایسی خبر پر سفارش لکھوا لائے جو میرے خیال میں شائع نہیں ہونی چاہیے تھی۔ میں نے اسے شائع کرنے سے انکار کر دیا تو وہ اسی خبر کو لے کر پنڈت میلا رام وفا کے پاس پہنچے جو دوسری شفٹ کے انچارج تھے، انھوں نے بلا تکلف وہ خبر شائع کر دی جس کے نتیجے میں اخبار پر ازالۂ حیثیت عرفی کا مقدمہ

قائم ہو گیا۔

ایک اور قباحت یہ تھی کہ "نیشنل کانگرس" کانگرس کا من حیث مجموعی ترجمان ہونے کی بجائے کانگرس کے اس مخصوص دھڑے کا ترجمان زیادہ تھا جس کے قائد ڈاکٹر ستیہ پال تھے۔ اس کے کالموں میں کانگرس کے اندرونی مناقشوں کا برملا اظہار ہونے لگا جس نے کانگرس کے دوسرے دھڑے کو جس کے لیڈر ڈاکٹر گوپی چند بھارگو تھے، اس کی تخریب پر آمادہ کر دیا۔ اس سلسلے میں ایک بار ایک دلچسپ واقعہ ہوا۔ صوبہ کانگرس کے انتخاب میں جہاں صدارت کے لیے گوپی چند بھارگو کے دھڑے کی طرف سے ڈاکٹر کچلو امیدوار تھے وہاں ڈاکٹر ستیہ پال کے دھڑے نے ان کے مقابلے میں مولانا عبدالقادر قصوری کو کھڑا کیا تھا۔ قدرتی تھا کہ "نیشنل کانگرس" کے کالموں میں عبدالقادر قصوری کی حمایت کی جاتی۔ میں نے ان کی حمایت میں ایک شذرہ لکھا جس میں درج تھا: جہادِ حریت میں مولانا عبدالقادر قصوری نے جس جرأت اور پامردی کا ثبوت دیا ہے اس کی نظیر پنجاب میں مشکل ہی سے ملے گی۔ اخبار چھپ کر آیا تو اس میں لفظ "پامردی" غائب تھا اور اس کی جگہ "نامردی" نے لے لی تھی۔ ڈاکٹر ستیہ پال دفتر میں آئے تو ان کا چہرہ غصے سے سرخ ہو رہا تھا اور ظاہر ہے کہ یہ غصہ حق بجانب تھا۔ تحقیقات کی تو پتہ چلا کہ کاتب نے "پامردی" ہی لکھا تھا لیکن پروف ریڈر نے بربنائے حماقت اسے "نامردی" میں منتقل کر دیا۔ پروف ریڈر کو فوراً ہی برطرف کر دیا گیا لیکن چند ہی گھنٹے کے بعد ڈاکٹر صاحب واپس آئے اور کہنے لگے کہ اس پروف ریڈر کو پھر سے ملازم رکھ لیا جائے۔ وہ ہم سب سے زیادہ عقل مند تھا۔ عبدالقادر قصوری واقعی نامرد نکلے اور مقابلے سے دستبردار ہو گئے۔

"نیشنل کانگرس" نکلا تھا تو رام لال وہرہ کے بیان کے مطابق جو اس اخبار کے منتظم خصوصی تھے، اسے پنڈت جواہر لال نہرو کی سرپرستی حاصل تھی لیکن پنڈت نہرو کی سرپرستی اسے زیادہ دن حاصل نہ رہ سکی جس کی وجہ کانگرس کی سیاست کا الٹ پھیر تھا۔ ۱۹۳۸ء میں کانگرس کے صدر سبھاش چندر بوس تھے۔ وہ مہاتما گاندھی کے خصوصی منظورِ نظر تو کبھی نہیں تھے لیکن اس برس وہ کسی نہ کسی طرح مہاتما گاندھی کو اس بات کا یقین دلانے میں کامیاب ہو گئے تھے کہ

چر غے اور اہنسا پورہ کلّی ایمان لے آئے ہیں۔ اس کے صلے میں انھیں کانگرس کی صدارت دے دی گئی۔ گاندھی جی نے اپنے طور پر یہ اعزاز انھیں صرف ایک برس کے لیے بخشا تھا لیکن سبھاش بابو اس کے لیے آمادہ نہ ہوسکے کہ ان کا دورِ اقتدار اتنا مختصر ہو۔ چنانچہ آئندہ برس کے لیے وہ گاندھی جی کے علی الرغم ان کے امیدوار ڈاکٹر پٹابھی سیتارامیہ کے مقابلے میں کھڑے ہوئے۔ ڈاکٹر ستیہ پال اور ان کے رفیقِ خصوصی سردار سردول سنگھ کویشر سبھاش بابو کے سرگرم حامی تھے چنانچہ "نیشنل کانگرس" نے قدرتی طور پر سبھاش بابو کا ساتھ دیا۔ پہلے صفحے پر ان کی تصویر کے نیچے چھپا: "ہندوستان کا بے تاج بادشاہ سبھاش چندر بوس"۔ ظاہر ہے کہ اس کے بعد پنڈت نہرو کی سرپرستی کا سلسلہ جاری نہیں رہ سکتا تھا۔

"نیشنل کانگرس" کا عملۂ ادارت سبھاش چندر بوس کی حمایت، جو نیت امام کی دہی میری کے مصداق ہی نہیں کرتا تھا، ادارے کے جتنے بھی رکن تھے، ان کی ہمدردیاں اپنے طور پر بھی سبھاش چندر بوس کے ساتھ تھیں چنانچہ ان کی حمایت میں لکھتے وقت یا اس سلسلے کی خبروں کی سرخیاں قائم کرتے وقت بربنائے خلوص ان کے قلم میں خاص زور پیدا ہو جاتا تھا۔ جب سبھاش چندر بوس نے انتخاب جیت لیا تو "نیشنل کانگرس" کے دفتر میں اچھی خاصی جنون کی کیفیت پیدا ہو گئی۔ ہر کوئی دیوانہ وار ناچ رہا تھا۔ یہ کیفیت چند دنوں طاری رہی چنانچہ عملے کے اراکین میں کوئی جھگڑا ہوتا تو وہ ایک دوسرے کے لیے پٹابھی کا نام بطور گالی استعمال کرتے۔

یہ سب کچھ تھا لیکن "نیشنل کانگرس" کی نہ اشاعت بڑھ رہی تھی نہ اسے اشتہار ہی مل رہے تھے۔ نتیجۃً اس کی حالت ڈانواڈول ہو رہی تھی۔ چراغ حسن حسرت اور باری علیگ کو وہ تھوڑی بہت ڈسپلن بھی جو اخبار کے دفتر میں تھی، بُری طرح کھلتی تھی۔ چنانچہ ان کا نباہ زیادہ دن نہ ہوسکا اور وہ "نیشنل کانگرس" چھوڑ کر ایک اور اخبار "شہباز" میں چلے گئے اور جاتے جاتے اپنے ساتھ مسلم کاتبوں کو بھی لے گئے وہ اپنے ساتھ مجھے لے جانا چاہتے تھے لیکن میرا دماغ سیاسی طور پر گرما چکا تھا اس لیے "نیشنل کانگرس" سے علیحدگی گوارا نہ ہوئی۔

گاندھی جی نے سبھاش چندر بوس کی کامیابی کو اپنی شکست سے تعبیر کیا لیکن ان کے بیان کے لب و لہجہ سے ظاہر ہوتا تھا کہ وہ اس شکست پر قناعت کرنے والے نہیں۔ انھیں کانگرسی ووٹروں کی عدم صلاحیت کا بھی احساس ہونے لگا اور یہ احساس بھی کہ کانگرس میں بوگس ممبروں کی بھرتی ہوتی ہے۔ اسی زمانے میں انھیں یہ بھی یاد آ گیا کہ راجکوٹ کے راجہ نے وعدہ خلافی کی ہے اور اپنی رعایا کو کچھ ایسے حقوق نہیں دیے جن کا اس نے وعدہ کر رکھا تھا۔ چنانچہ بظاہر کانگرس کی سیاست سے کنارہ کشی کر کے وہ راجکوٹ چلے گئے اور راجہ صاحب کی طہارتِ قلب کے لیے اپنا برت شروع کر دیا۔ برت شروع ہونا تھا کہ ہندوستان کی ساری توجہ تری پورہ کی بجائے جہاں کانگرس کا اجلاس ہونا تھا، راجکوٹ پر مرکوز ہو گئی اور اس طرح یہ ثابت ہو گیا کہ کانگرس کا صدر خواہ کوئی ہو لیکن اس کے حقیقی لیڈر مہاتما گاندھی ہی ہیں۔ ادھر کانگرس ورکنگ کمیٹی کے ممبروں نے سبھاش چندر بوس سے تعاون کرنے سے انکار کر دیا۔ جہاں باقی ممبر اجتماعی طور پر مستعفی ہوئے وہاں پنڈت نہرو نے اپنا الگ استعفیٰ لکھا۔ سبھاش بابو انتخاب جیت گئے تھے لیکن اتنی ہمت ان میں نہیں تھی کہ ان سب لیڈروں کے تعاون کے بغیر بھی وہ کانگرس کے نظام کو چلا سکیں۔ پھر گاندھی جی کی بے پناہ مقبولیت کا پاسنگ بھی ان کے خلاف پڑتا تھا۔ لہٰذا کانگرس پر قبضہ کرتے کرتے انھیں صرف کانگرس کی صدارت سے ہی نہیں خود کانگرس سے بھی الگ ہونا پڑا۔

نیشنل کانگرس میں اب پنڈت میلارام وفا، میں اور کچھ والنٹیر قسم کے صحافی رہ گئے تھے لیکن دل و دماغ پر چونکہ جوش طاری تھا اس لیے کام کی زیادتی کھلتی نہیں تھی۔ ان دنوں ذہن متنازعہ فیہ مسائل کو سمجھتا تو نہیں تھا لیکن دل یہ ضرور کہتا تھا کہ سبھاش چندر بوس کے ساتھ زیادتی ہوئی ہے اور یہ بھی کہ گاندھی جی سبھاش بابو سے اتنی رواداری بھی نہیں برت رہے جتنی وہ اپنے مخالفوں سے برتتے ہیں۔ چنانچہ سبھاش چندر بوس کی حمایت میں لکھتے وقت صحافتی مشقت کی بجائے اس پر فریضے کی ادائیگی کا گمان گزرتا تھا۔ اس زمانے کی اپنی ایک نظم کا ایک شعر یاد رہ گیا ہے:

کب فقط جور سے غیروں کے دل افگار ہے بوس
اس میں کچھ ہم نفسوں کی بھی جفا شامل ہے

"نیشنل کانگرس" بڑا بھلا گھسٹ رہا تھا کہ ۱۹۳۹ء کے اواخر میں دوسری عالمی جنگ شروع ہوگئی۔ یہ "نیشنل کانگرس" کے لیے واقعی لمحۂ آزمائش تھا۔ "نیشنل کانگرس" کانگرس ہی کا ترجمان نہیں تھا بلکہ سبھاش چندر بوس کے دھڑے سے بھی تعلق رکھتا تھا جس کا رویہ جنگی سرگرمیوں کے معاملے میں اور بھی مخالفانہ تھا۔ ادھر پنجاب ہندوستان کا غالباً واحد صوبہ تھا جہاں کی عوامی وزارت جنگی سرگرمیوں کی برملا حامی تھی اور صوبے کے انتظام پر اس کی گرفت کافی مضبوط تھی لہٰذا پنجاب میں رہتے ہوئے جنگی سرگرمیوں کی معمولی سے معمولی مخالفت بھی دریا میں رہ کر مگرمچھ سے بیر رکھنے والی بات تھی۔

جنگ شروع ہوئے کچھ ہی مدت ہوئی تھی کہ ایک روز مسٹر رتن چند نے جو پنجاب کی پریس برانچ میں ملازم تھے اور "غیر معروف جرنلسٹ" کے نام سے اخباروں میں مضامین بھی لکھتے تھے، مجھ سے کہا کہ پریس برانچ کے افسرِ اعلیٰ سیّد نور احمد مجھ سے ملنا چاہتے ہیں اور اگر مجھے ان کے دفتر جانا منظور نہ ہو تو ملاقات کہیں اور بھی ہو سکتی ہے۔ میں نے سیّد نور احمد سے ان کے دفتر میں ملنے کا وعدہ کر لیا۔

ملاقات میں رسمی علیک سلیک کے بعد سیّد صاحب نے مجھ سے پوچھا کہ میں "نیشنل کانگرس" میں ایک پیشہ ور اخبار نویس کی حیثیت سے کام کرتا ہوں یا سیاسی آدمی کی حیثیت سے؟ میں نے کہا کہ پیشہ ور اخبار نویس کی حیثیت سے۔ اگر سیاسی آدمی کی حیثیت سے کام کر رہا ہوتا تو مغربی لباس کی بجائے کھدّر میں ملبوس ہوتا۔ اس کے بعد انھوں نے جنگ سے پیدا شدہ صورتِ حال کا ذکر کیا اور یہ بھی فرمایا کہ کوئی حکومت جنگی سرگرمیوں میں مداخلت گوارا نہیں کر سکتی اور یہ کہ زمانۂ جنگ میں دوست اور دشمن میں واضح خطِ امتیاز کھنچ جاتے ہیں۔ میں نے اس بات سے بھی بلا تکلّف اتفاق کر لیا۔

میرا خیال تھا کہ اس کے بعد وہ "نیشنل کانگرس" کی ان کوتاہیوں کا ذکر کریں گے جو اس سے جنگی سرگرمیوں کے سلسلے میں سرزد ہوئیں لیکن انھوں نے ایسا نہیں کیا اور میرا خیال ہے کہ ایسی کسی کوتاہی کی نشاندہی آسان بھی نہیں تھی کیونکہ ہم اس معاملے میں بہت ہی پھونک پھونک کر قدم رکھتے تھے۔ یہ شکایت انھیں ضرور تھی کہ "نیشنل کانگرس" میں یونینسٹ وزارت پر غلط الزام لگائے جاتے ہیں اور ان الزامات کی تردید میں جو مراسلے بھیجے جاتے ہیں

انھیں شائع نہیں کیا جاتا جو آدابِ صحافت کے منافی ہے۔ میں نے کہا کہ ایسا اگر واقعی ہوتا ہے تو افسوسناک ہے لیکن یہ کسی طے شدہ پالیسی کا نتیجہ ہرگز نہیں۔ آئندہ اگر "نیشنل کانگرس" میں شائع شدہ کسی خبر یا شذرے کی واقعاتی سطح پر تردید مدّنظر ہو تو وہ تردیدی مراسلہ ٹیلی فون کر کے مجھے براہِ راست بھیج دیا کریں۔ اسے ضرور شائع کیا جائے گا۔ البتہ ہمارا یہ حق محفوظ رہے گا کہ اگر ہم ضرورت سمجھیں تو مزید اظہارِ خیال کر سکیں۔

میرا خیال تھا کہ اس مرحلے پر بات چیت ختم ہو جائے گی لیکن ایسا نہیں ہوا۔ انھوں نے باتوں باتوں میں مجھے یہ خبر سنائی کہ ان کا محکمہ اخبار نویسوں کو اجرت پر ترجمے کا کام دیتا ہے اور معاوضہ کی شرح کافی اونچی ہوتی ہے۔ انھوں نے فرمایا کہ جب وہ سرکاری ملازمت میں نہیں تھے اور ایک اخبار نویس کی حیثیت سے کام کرتے تھے تو یہ کام وہ خود بھی کر لیا کرتے تھے، اور اب بھی کافی نامی گرامی اخبار نویس یہ کام کرتے ہیں۔ ان کی اس پیش کش کو میں نے شکریے کے ساتھ نامنظور کر دیا کیونکہ ایک اپوزیشن اخبار سے وابستہ ہوتے ہوئے اس قسم کی سرپرستی سے مستفیض ہونا میرے خیال میں آدابِ صحافت کے منافی تھا۔

کمرۂ ملاقات سے باہر نکلا تو مسٹر رتن چند میرے منتظر تھے۔ انھوں نے پوچھا کوئی ایسی بات تو نہیں جو میں کہنے سے جھجک گیا ہوں۔ اگر ایسا ہے تو یہ بات میں ان کے توسّل سے سیّد صاحب تک پہنچا سکتا ہوں۔ میں نے کہا کہ وہ بات انھوں نے خود ہی کہہ دی تھی لیکن میں نے اپنی معذوری کا اظہار کر دیا ہے۔ میں نے اپنی گفتگو کا ماحصل انھیں بتا دیا۔ انھیں میرے رویّے پر کافی حیرت تھی کیونکہ بقول ان کے بڑے بڑے اخبار نویس سیّد صاحب تک رسائی کے لیے ان کی خوشامدیں کرتے رہتے تھے۔

سیّد نور احمد کی پیش کش کو میں نے یقیناً صرف اس لیے نامنظور کیا کہ میرے نزدیک اسے منظور کرنا خوش اطواری کے منافی تھا کیونکہ یہ ایک طرح کی انڈرہینڈ کارروائی ہوتی جہاں تک اصولی سطح کا تعلق ہے میری ہمدردیاں ان لوگوں کے ساتھ مطلق نہیں رہی تھیں جو جنگی سرگرمیوں میں کسی قسم کی رکاوٹ ڈالنا چاہتے تھے۔ جیسا کہ پہلے لکھا جا چکا ہے میرا تعلق پنجاب میں اس مختصر سے گروپ کے ساتھ تھا جو ایم۔ این۔ رائے کے نظریات کا حامی تھا اور یہ سبھی

جانتے ہیں کہ ایم۔ این رائے اس جنگ کو سامراجی جنگ نہیں بلکہ جمہوریت اور فاشیزم کی لڑائی سمجھتے تھے۔ برطانیہ اور اس کے ساتھی چونکہ جمہوریت کے لیے لڑ رہے تھے اس لیے ان کی حمایت ہر ترقی پسند پر واجب تھی۔ نوآبادیاتی ملکوں کے ترقی پسندوں کے لیے تو ایسا کرنا اور بھی انسب تھا کیونکہ ایم۔ این۔ رائے کے نظریے کے مطابق اس جنگ میں اتحادی ملکوں کی کامیابی ان کے اپنے ملکوں کی آزادی کا پیش خیمہ تھی۔

ادھر نیشنل کانگرس سے جو ذہنی تعلق تھا وہ ختم ہو رہا تھا اور یساری قوم پرستی سے ایمان اٹھ رہا تھا۔ دوسری طرف اخبار کی حالت ڈانواڈول ہو رہی تھی۔ عملے کو پہلے تنخواہیں تاخیر سے ملنے لگیں اور پھر یہ سلسلہ قریب قریب موقوف ہو گیا۔ غالباً اخبار چلانے والوں کو سبھاش چندر بوس کے گروپ یا کسی اور طرف سے مالی امداد کی توقع تھی اور وہ پوری نہیں ہوئی۔ قطع امید کے بعد اگر اخبار فوراً ہی بند کر دیا جاتا تو شاید نگا فضیحتی نہ ہوتی لیکن اخبار کو بند کرنے کے لیے پتھر کا کلیجہ چاہیے، چنانچہ قرضے بڑھتے گئے اور ملازموں سے خوشنما وعدوں کی مدد سے کام لیا جاتا رہا۔ سب سے زیادہ بری حالت کاتبوں کی تھی۔ اخبار نویسوں کا تھوڑا بہت حلقۂ احباب ہوتا ہے جو وقت بے وقت ان کی مدد کر دیتا ہے۔ کاتب ٹھہرے خالص مزدور، انھیں ایسے ہمدرد اور معاون کہاں سے ملتے۔ یہ دیکھ کر انھیں اور بھی تکلیف ہوتی تھی کہ جہاں ان پر فاقے پڑ رہے ہیں وہاں ان لوگوں کے معیارِ زندگی میں جن کی لیڈری کا اخبار ایک سہارا تھا، سر مو فرق نہیں آیا۔ آخر تنگ آکر انھوں نے ہڑتال کا فیصلہ کر لیا اور راہ نمائی کے لیے مزدور لیڈروں کا دروازہ کھٹکھٹانے لگے۔

مزدور لیڈروں میں سوشلسٹ اور کمیونسٹ سبھی تھے لیکن کوئی کاتبوں کی مدد کو تیار نہ ہوا۔ ڈاکٹر ستیہ پال یساری حلقوں میں کافی مقبول تھے اور سبھی سوشلسٹوں اور کمیونسٹوں کے ساتھ ان کے مراسم تھے۔ کوئی اس کے لیے تیار نہیں تھا کہ ہڑتال کی راہ نمائی کر کے ڈاکٹر ستیہ پال کے دھڑے کی ناراضگی مول لے۔ دلیل وہ یہ دے رہے تھے کہ ہڑتال کا حربہ کاروباری قسم کے لوگوں کے خلاف ہی کامیاب ہو سکتا ہے۔ سیاسی میدان کے کھلاڑی کافی ڈھیٹ ہوتے ہیں، ان پر ہڑتال اور بھوک ہڑتال جیسے حربوں کا کوئی اثر نہیں ہو سکتا۔

آخر کاتبوں نے مزدور لیڈروں سے بے نیاز ہو کر خود ہی ہڑتال کر دی۔ اگر منتظمین سمجھ بوجھ سے کام لیتے تو بہت ممکن تھا کہ عملے کو تھوڑی بہت تنخواہیں دے کر معاملہ نپٹا لیتے لیکن سرمایہ داری کے خلاف جہاد کے مدعیوں نے ایسا نہیں کیا اور وہ سبھی طریقے اختیار کیے جن کا وہ سرمایہ داروں پر الزام لگاتے رہتے تھے۔ عملے میں پھوٹ ڈالنے کی کوشش بھی کی گئی اور یہ کوشش بھی کی گئی کہ اخبار کہیں اور کتابت کرا کے بالا بالا چھاپ دیا جائے۔ ان کی ان کوششوں نے عملے میں مکمل یکجہتی پیدا کر دی۔ لیکن ہڑتال اور ایجی ٹیشن چلانے کے لیے بالخصوص اس وقت جب اس کے ہدف سیاسی لیڈر ہوں، کافی دل گردے کی ضرورت ہوتی ہے۔ بلّی کے گلے میں گھنٹی باندھنے کا فیصلہ کرنا آسان ہے لیکن اصل مسئلہ یہ ہوتا ہے کہ گھنٹی باندھے کون ؟

جب یہ اطلاع ملی کہ پرچہ مرتب ہو کر کسی اور جگہ واقعی کتابت ہو رہا ہے اور شام کو چھپنے کے لیے پریس جائے گا تو کاتب بہت ہی برافروختہ ہوئے۔ سب کہتے تھے کہ پرچہ چھپنے نہیں دیا جائے گا۔ مجھے سیاست سے چونکہ تھوڑا بہت لگاؤ تھا اور میری یہ شہرت بھی تھی کہ میں بے خوف ہوں اس لیے سبھی مجھ پر زور ڈالنے لگے کہ ہڑتال کی راہ نمائی میں کروں اور عملے کی میٹنگ میں میرے گرمجوشی کا اظہار نہ کرنے کے باوجود مجھے مشترکہ طور پر لیڈر چن لیا گیا۔

اب میرے لیے پسپائی کے تمام راستے بند تھے۔ تقریباً سبھی مزدور لیڈروں سے تھوڑی بہت شناسائی تھی اور کچھ دن میں نے ٹریڈ یونین کے میدان میں کام بھی کیا تھا۔ اب مسئلہ صرف یہ نہیں تھا کہ اپنے ساتھیوں کے مطالبات پورے کرائے جائیں بلکہ یہ بھی تھا کہ ہم چشموں کے سامنے رسوائی نہ ہو۔

جب یہ بات پایۂ ثبوت کو پہنچ گئی کہ اخبار واقعی کتابت ہو رہا ہے اور شام کو چھپنے کے لیے پریس جائے گا تو میں نے اپنے ساتھیوں سے کہا کہ وہ پریس کی ناکہ بندی کر لیں اور اخبار کی کاپیوں کو راستے ہی میں چھین کر جلا ڈالیں۔ پریس تک جانے کے تین راستے تھے عملے کو تین ٹولیوں میں بانٹ کر تینوں راستے روک لیے گئے لیکن رات کے بارہ بجے تک ایسا کوئی آدمی نظر نہیں آیا جس پر یہ شبہ بھی کیا جا سکے کہ وہ کاپیاں لے جا رہا ہے۔ ہم مایوس ہو کر لوٹنے ہی والے تھے کہ ایک والنٹیر قسم کا شخص نظر پڑا جس کے تھیلے میں اخبار کی کاپیاں

واقعی موجود تھیں۔ دو تین آدمی اس کے ساتھ بھی تھے۔ یہ دیکھ کر کہ کاتب عملی کارروائی سے کچھ ہچکچا رہے ہیں، میں نے خود ہی بڑھ کر تھیلے پر ہاتھ ڈال دیا۔ فوراً ہی سبھی لوگ جھپٹ پڑے اور کاپیوں کو ٹکڑے ٹکڑے کر کے جلا دیا گیا۔

دوسرے دن سارے شہر میں اس کا شہرہ تھا لیکن اب سوال یہ تھا کہ اگلا قدم کیا اٹھایا جائے؟ کاپیاں جلنے کے بعد یہ تو طے تھا کہ اخبار کے منتظمین بالا بالا پرچہ نکالنے کی دوسری کوشش نہیں کریں گے لیکن اصل مسئلہ تو تنخواہوں کی وصولی کا تھا۔ ایک ایسے اخبار سے جو بند ہو چکا ہو، تنخواہیں وصول کرنا آسان نہیں تھا اور تنخواہوں کی وصولی کے بغیر نہ ساتھی مطمئن ہو سکتے تھے اور نہ اپنی عزت رہتی تھی۔ آخر ایجی ٹیشن کی راہ اختیار کرنی پڑی۔ دوسرے کاتبوں سے مل کر آل انڈیا کاتب یونین کی بنیاد ڈالی گئی۔ بیس پچیس آدمیوں کے لیے جنھیں اور کوئی کام نہ ہو یہ کام چنداں مشکل نہیں تھا۔ پہلے جلسے میں تقریباً سو کے قریب کاتب جمع ہوئے۔ باقی عہدیدار کاتب تھے لیکن جنرل سکریٹری مجھے چنا گیا۔ پہلا کام اخبارات میں پروپیگنڈہ تھا۔ ڈاکٹر ستیہ پال لاکھ مقبول سہی لیکن ان کے رقیب بھی تو تھے۔ وہ سب پسِ پردہ ہماری حمایت کرنے لگے۔ روزنامہ "ویر بھارت" نے تو میرے دو دو کالم کے بیان شائع کیے۔ ایک مختصر سا بیان سول ملٹری گزٹ میں بھی چھپا۔ کچھ لوگ کہتے تھے کہ اس بیان کی اشاعت میں سیّد نور احمد کا ہاتھ تھا اور اس کا محرک حُبِّ علی نہیں بلکہ بغضِ معاویہ تھا۔

اخباری بیانوں سے گہما گہمی تو ہوئی لیکن ہڑتالیوں کے مطالبے کی تکمیل کی کوئی صورت نظر نہیں آتی تھی اور جب تک ایسا نہ ہو عزّت بچنے کی کوئی صورت نہیں تھی۔ آخر جی کڑا کر کے مظاہروں کا فیصلہ کیا۔ مظاہروں کا ہدف ڈاکٹر ستیہ پال کی کوٹھی تھی۔ بیس پچیس تو ہڑتالی خود ہی تھے۔ پھر دوسرے کاتب اور در پردہ حامیوں کے بھیجے ہوئے کچھ آدمی بھی پہنچ گئے۔ اس طرح پچاس ساٹھ کا مجمع ہو گیا۔ منتظمین اس سے پہلے ہڑتالیوں کو کافی حقارت کی نظر سے دیکھتے تھے لیکن جیسے ہی زندہ باد اور مردہ باد کے نعرے بلند ہوئے ان کا مزاج اعتدال پر آ گیا اور تقریباً بیس ہی منٹ کے بعد ان کا پیغام ملا کہ وہ بات چیت کے لیے تیار ہیں۔ ان کی پیش کش تھی کہ ہر ملازم کو اس کی نصف تنخواہ ادا کر دی جائے اور اس کے ساتھ ہی یہ بھی طے پایا کہ اگر

کبھی اخبار دوبارہ نکلا تو عملے کے ہر رکن کو بحال کیا جائے گا اور جس کی جتنی تنخواہ باقی ہے وہ بھی ادا کی جائے گی۔ ایک ایسے اخبار کے منتظمین کی طرف سے جو بند ہو چکا ہو یہ پیش کش غنیمت تھی۔ چنانچہ ساتھیوں سے مشورہ کرنے کے بعد میں نے اسے منظور کر لیا اور معاہدے پر عملدرآمد کے بعد معاملہ ختم ہو گیا۔

یہ ایک طرح سے میری جیت تھی۔ مزدوروں کے پیشہ ور لیڈروں کو یہ بات ناگوار گزری۔ ایڈیٹوریل اسٹاف میں ایک رکن ایسا بھی تھا جس کا کمیونسٹوں کے بائیں بازو گروپ کے ساتھ تعلق تھا۔ اسے اکسایا گیا کہ وہ میرے خلاف یہ پروپیگنڈہ کرے کہ میں مالکوں سے مل گیا ہوں۔ کسی اور نے اس کی بات پر کان نہ دھرا تو تنہا بہادر بن کر وہ خود ہی میدان میں اتر آیا اور باقی ماندہ تنخواہ کی وصولی کے لیے ڈاکٹر ستیہ پال کی کوٹھی کے سامنے بھوک ہڑتال کر دی۔ اس نے یہ ہڑتال ایک دن جاری رکھی لیکن جب تماشائی تک میسر نہ آئے تو اٹھ کر چلا آیا۔

کاتبوں کی یونین زیادہ دن نہ چل سکی۔ جب تک 'نیشنل کانگرس' کے کاتب ہڑتال پر تھے وہ بھاگ دوڑ کر جلسے کے لیے لوگوں کو جمع کر لیتے تھے جب انہیں مختلف جگہوں پر ملازمتیں مل گئیں تو ان کی یکجائی کے مواقع بھی کم ہو گئے اور ان کا جوشِ عمل بھی ٹھنڈا پڑ گیا۔

ڈاکٹر ستیہ پال مجھ سے کافی دن کشیدہ خاطر رہے لیکن پھر ایک مشترکہ دوست نے بیچ میں پڑ کر ان کا غصہ ٹھنڈا کر دیا۔ ایک بار پوچھنے لگے تم نے یہ سب کیوں کیا؟ میں نے کہا ڈاکٹر صاحب لوہا لوہے سے ٹکراتا ہے۔ آپ بھی ضدی، میں بھی ضدی ٹکراؤ ہو گیا!

جنگ کے بارے میں ایم۔ این رائے کا موقف سمجھنے میں کسی خاص ذہنی کشمکش کا سامنا نہیں ہوا۔ جب سے مسولینی نے حبشہ پر حملہ کیا تھا فاشیزم کے خلاف بہت کچھ پڑھا بھی تھا اور لکھا بھی تھا۔ لیکن جس چیز نے میرے ذہن کو اس موقف کی پذیرائی کے لیے خاص طور پر آمادہ کر رکھا تھا وہ ہندوستان کے مسائل پر کارل مارکس کی تحریریں تھیں۔ مارکس کی یہ

تحریریں اوّلاً ایک امریکی اخبار "نیویارک ڈیلی ٹریبیون" میں شائع ہوئی تھیں جنھیں بعد میں لندن کے ایک یساری پبلیشر نے کتاب کی شکل میں شائع کردیا تھا۔ میں نے ان کا اُردو میں ترجمہ بھی شائع کیا تھا۔

مارکس کا لب و لہجہ ہمیشہ سخت ہوتا تھا۔ ان تحریروں میں بھی اس نے برطانوی نوآبادکاروں کے لیے بڑی سخت زبان استعمال کی تھی لیکن اس امکان کو اس نے تسلیم کیا تھا کہ ہندوستان کی ترقی اور آزادی کی ایک صورت یہ بھی ہوسکتی ہے کہ جمہوری اور ترقی خواہ عناصر کو برطانیہ میں بالادستی حاصل ہوجائے۔ چیمبرلین کی سپراندازی کی پالیسی کو خیرباد کہہ کر اب جب برطانیہ نے فاشیزم کے خلاف مجاہدانہ رویہ اختیار کرلیا تھا تو دل گواہی دینے لگا کہ وہ یومِ سعید جس کی بشارت مارکس نے دی تھی واقعی آپہنچا ہے۔

جنگ کے بارے میں ایم۔ این۔ رائے کے موقف کو، ان کے پورے گروپ نے جو پہلے لیگ آف ریڈیکل کانگرس مین کہلاتا تھا اور بعد میں جنگ کے مسئلے پر کانگرس سے الگ ہوکر ریڈیکل ڈیموکریٹک پارٹی بنا، قبول کرلیا تھا۔ لیکن کسی موقف کو ذہنی طور پر قبول کرنا جتنا آسان ہوتا ہے اتنا آسان اس کے ساتھ جذباتی ہم آہنگی پیدا کرنا نہیں ہوتا۔ جنگ شروع ہونے کے کچھ ہی دن بعد حکومت پنجاب نے کچھ یساریوں کو احتیاطی تدابیر کے سلسلے میں گرفتار کرلیا۔ ان میں عبداللہ صفدر بھی تھے جو پنجاب میں ایم۔ این۔ رائے پر سب سے پہلے ایمان لائے تھے۔ عبداللہ صفدر حراست سے بھاگ نکلے۔ دوسرے دن پتہ چلا کہ گروپ کے ایک اور ممبر مدن موہن ہردت بھی لاپتہ ہیں۔ وہ دوافروشی کی ایک فرم میں ملازم تھے۔ فرم کا کچھ روپیہ بنک میں جمع کرانے نکلے اور پھر واپس نہیں آئے۔ وہ دونوں کہاں گئے اس کا صحیح طور پر کسی کو علم نہیں تھا لیکن گمان یہی تھا کہ عبداللہ صفدر کے پُرانے انقلابی جذبے نے جوش مارا ہے اور وہ سرحد پار کرکے سوویٹ روس چلے گئے ہیں۔ اس خیال کی تصدیق ۱۹۶۴ء میں ہوئی جب مدن موہن ہردت ہندوستان واپس آئے۔ ان دنوں وہ دلّی میں ہیں۔ ان کا بیان ہے کہ وہ اور عبداللہ صفدر قبائلی علاقے اور افغانستان کا پُرصعوبت سفر کرنے کے بعد ترکمانیہ پہنچے تو انقلاب کی دھرتی پر قدم رکھتے ہی سوویٹ پولیس نے انہیں گرفتار کرلیا۔

گرفتاری کے فوراً بعد انھیں ایک دوسرے سے الگ کر دیا گیا۔ عبداللہ صفدر کا کیا حشر ہوا اس کا انھیں علم نہیں لیکن خود انھیں ماسکو کی لوبیانکا جیل میں لے جایا گیا جہاں مقدمہ چلائے بغیر ہی انھیں تین سال کی سزا دی گئی اور نزدیک کے مشقت کے کیمپ میں بھیج دیا گیا۔ ستمبر ۱۹۴۳ء میں انھیں مشقت کے کیمپ سے نکال کر قازقستان کے ایک شہر میں لے جایا گیا جہاں وہ پولیس کی نگرانی میں ۱۹۴۷ء تک رہے۔ ۱۹۴۷ء کے بعد انھیں ہندی اور اُردو کا مدرس مقرر کر کے تاشقند یونیورسٹی بھیج دیا گیا۔ لیکن تین ہی مہینے بعد انھیں واپس قازقستان بھیج دیا گیا تاکہ وہ وہاں اونگھر زبان کی تعلیم حاصل کریں۔ لیکن وہ وہاں تک پہنچ نہیں پائے۔ ٹرین ہی پر انھیں خفیہ پولیس نے گرفتار کر لیا اور اس مرتبہ پچیس۲۵ برس کی سزا دے کر انھیں سائبیریا بھیج دیا گیا۔ الزام تھا برطانیہ کی ایجنٹی اور سوویٹ دشمن پروپیگنڈہ۔ نہ جانے کتنی مدت تک وہ اپنے جذبۂ خدمتِ انقلاب کی سزا بھگتتے۔ لیکن ۱۹۶۲ء میں حکومتِ ہند کی مداخلت پر انھیں ہندوستان واپس آنے کی اجازت مل گئی۔ وہ واحد ہندوستانی ہیں جنھیں نظر بندی کے روسی کیمپوں کا ذاتی تجربہ ہے۔ غالباً ان دنوں وہ اپنی آپ بیتی بھی لکھ رہے ہیں۔

ہمارے موقف کی بنیاد خالص استدلال پر تھی اور جنگ کے خاتمے نے ہمارے استدلال کو صحیح ثابت کر دیا لیکن ملک کا ماحول اُن دنوں جذباتی طور پر اتنا مشتعل تھا کہ افہام و تفہیم کی کچھ زیادہ گنجائش نہیں تھی۔ لوگ ہمارا موقف سمجھنے آتے۔ بحث کے دوران میں ایسا نظر آتا کہ ہماری بات ان کی سمجھ میں آرہی ہے لیکن آخر میں وہ صرف ایک بات کہتے : دل نہیں مانتا، اور بحث ختم ہو جاتی۔

اندر پال اور جہانگیری لال جو دوسرے لاہور سازش کیس میں عمر قید کاٹ کر آئے تھے میرے بہت اچھے دوست بن گئے تھے۔ ان کی ایثار پیشگی کا یہی ثبوت کافی تھا کہ وہ اپنے عقاید کے لیے اپنی جان کی بازی لگانے کو تیار ہو گئے لیکن اندر پال نے تو ایک اور مثال بھی قائم کی تھی۔ مقدمے کے دوران میں جب اسے پتہ چلا کہ اس کے کچھ کمزور دل ساتھی سرکاری گواہ بننے والے ہیں تو جہانگیری لال اور کچھ اور دوستوں کے مشورے سے اس نے فیصلہ کیا کہ وہ پولیس کو گمراہ کرنے کے لیے خود ہی سرکاری گواہ بن جائے۔ سرکاری گواہ بن کر اس نے

ہر انقلابی اقدام کا الزام یا تو اپنے سر لے لیا یا اُن انقلابیوں کے سر منڈھ دیا جو انقلابی اقدامات کے سلسلے میں ہلاک ہو چکے تھے یا مفرور تھے۔ اپنے ان ساتھیوں کو جو اس کے ساتھ ماخوذ تھے، اس نے صاف بچا لیا۔ سرکار نے بعد میں اس کے عزائم کو بھانپ لیا، اسے وعدہ منحرف گواہ قرار دیا گیا اور پھانسی کی سزا دی گئی جو بعد میں عمر قید میں تبدیل ہوگئی لیکن اپنا کام اس نے کر دیا تھا، پولیس کا مقدمہ کافی بگڑ گیا تھا۔ جہانگیری لال کا کہنا ہے کہ اگر اندر پال یہ نہ کرتا تو ایسے کئی لوگ جنھیں صرف عمر قید کی سزا ہوئی پھانسی پا گئے ہوتے۔

ظاہر ہے کہ اندر پال کی قربانی بے مثال تھی۔ اس نے اپنے چہرے پر شہادت کے غازے کی بجائے رسوائی کی سیاہی مَل لی تھی۔ زندہ باد کے نعروں کے درمیان پھانسی چڑھ جانا آسان ہے لیکن اپنے ماتھے پر غدّاری کا ٹیکہ لگا کر زندہ رہنا کافی مشکل ہے۔ اس نے اپنے ساتھیوں کو بچانے کے لیے یہ بھی گوارا کر لیا تھا۔ جرات اور ایثار کی اس سے درخشاں تر مثال اور کیا ہو سکتی ہے؟ میرا خیال تھا کہ ان دونوں کو میں اپنی بات ضرور سمجھا سکوں گا۔ وہ میری بات سننے کے لیے آمادہ بھی ہو گئے۔ تین چار دن تک گفتگو ہوتی رہی اور میں یہ سمجھتا رہا کہ وہ قائل ہو رہے ہیں لیکن آخر میں انھوں نے بھی یہی کہا: تمھاری بات دماغ تو مانتا ہے دل نہیں مانتا۔ بہر حال میری اور ان کی دوستی قائم رہی۔ اندر پال اب اس دُنیا میں نہیں ہے۔ جہانگیری لال سے مخلصانہ مراسم اب بھی قائم ہیں۔

اندر پال کے کردار کی ایک اور خوبی بھی سامنے آئی۔ وہ جیل سے چھوٹے تو انھیں ادھرنگ کی بیماری ہو چکی تھی۔ جہانگیری لال اور ان کے چند دوستوں نے جو انہی کی طرح قدآش تھے، یہ فیصلہ کیا کہ ان کے علاج کے لیے کچھ چندہ جمع کر لیا جائے۔ اندر پال نے اس تجویز کو یہ کہہ کر مسترد کر دیا کہ چندہ مانگنا ہے تو صرف اتنی رقم جمع کرنا جس سے میرے لیے زہر خرید سکو۔

اندر پال نے ان دنوں کن مشکلات میں زندگی بسر کی ہے یہ میں ذاتی طور پر جانتا ہوں۔ وہ پوری طرح صحت یاب بھی نہیں ہوا تھا کہ اس نے اخبار فروشی شروع کر دی اسی عالم میں وہ کتابت بھی کرتا رہا لیکن کسی کے سامنے اس نے دستِ سوال دراز نہیں کیا۔ اس

کے کردار کی خوبی کے دوست ہی نہیں دشمن بھی معترف تھے۔ جس مقدمے میں اسے عمر قید کی سزا ہوئی اس میں سرکاری وکیل رائے بہادر جوالا پرشاد تھے۔ جب اندر پال جیل سے چھوٹ کر آیا تو وہ کہا کرتے تھے کہ اس شخص کے پانو چھونا میں باعث سعادت سمجھتا ہوں اگرچہ اسے پھانسی کے تختے تک پہنچانے کی میں نے ہر ممکن کوشش کی۔

اندر پال اور جہانگیری لال کی ہر وقت نگرانی ہوتی تھی اور سی آئی ڈی کا ایک ایک آدمی سائے کی طرح ان کے ساتھ لگا رہتا تھا۔ وہ دونوں ایک ہی وقت میرے گھر آجاتے تو دروازے پر دو سپاہی موجود ہوتے لیکن ان کی آمد و رفت نے میرے لیے کبھی کوئی مشکل پیدا نہیں کی۔ دلّی آکر ایک دن ایک ریستوران میں بیٹھا تھا تو ایک صاحب آکر کہنے لگے: مِتّل صاحب آپ مجھے نہیں جانتے لیکن میں آپ کو جانتا ہوں۔ آپ کرشن نگر لاہور میں میرے پڑوسی تھے اور آپ کی وجہ سے کئی ہفتے میری نیند غائب رہی۔ پولیس آپ کے مکان کی نگرانی کرتی تھی لیکن میں اس غلط فہمی میں مبتلا رہا کہ وہ میری نگرانی کر رہی ہے۔

پنجاب میں جنگی سرگرمیوں کے خلاف گڑبڑ کی کوئی تحریک نہیں چلی لیکن کچھ سوشلسٹ کبھی کبھار کوئی اشتہار یا خلافِ قانون اخبار چھاپ دیتے تھے، جہانگیری لال اور اندر پال چونکہ دونوں سوشلسٹ پارٹی میں تھے اس لیے ان کے بعض ساتھی اس غلط فہمی میں تھے کہ شاید میری ہمدردیاں بھی اس پارٹی کے ساتھ ہیں۔ ان میں سے اکثر میرے پاس چلے آتے اور مجھے یقین ہے کہ ملاقات کے بعد اگر ان کے ذہن تبدیل نہیں ہوتے تھے تو کم سے کم اتنا تو ہوتا ہی تھا کہ وہ ضعفِ ایمانی میں مبتلا ہو جاتے تھے۔

جنگ کے طفیل ادیبوں اور شاعروں کے لیے روزگار کے دروازے کھُل گئے۔ فیض احمد فیض، چراغ حسن حسرت اور دوسرے کئی ادیب فوج میں ملازم ہو گئے۔ آل انڈیا ریڈیو میں بہت سے ادیبوں کو پہلے ہی ملازمت مل چکی تھی۔ اب جو باقی تھے وہ بھی اس میں کھپ گئے۔ باقاعدہ تعلیم کی کمی حفیظ کے لیے سدِّ راہ تھی لیکن انھوں نے اپنی تک و دو سے اس مشکل پر قابو پا لیا۔ حکومت ہند نے سانگ پبلسٹی کے نام سے شاعری اور موسیقی کے ذریعہ

جنگی پرچار کا محکمہ قائم کیا تو اس کی ڈائریکٹری انہی کے حصے میں آئی ۔ آدمی زیرک تھے اور اپنی محدودیتیں ان کی نظر میں تھیں ۔ لہٰذا اپنے نائب کے طور پر انھوں نے پنڈت ہری چند اختر کا انتخاب کیا جو تعلیم یافتہ بھی تھے اور سرکاری ملازمت کے طویل تجربے کے باعث دفتری امور سے بھی بخوبی واقف تھے۔

یہ محکمہ مشاعرے بھی کراتا تھا اور گانے والیوں کے لیے شاعروں سے جنگ کی حمایت میں گیت بھی لکھواتا تھا۔ اس تقرر سے پہلے اکثر و بیشتر شاعر حفیظ کے سخت خلاف تھے جس میں ان کے مزاج کی کسی خامی سے کہیں زیادہ ان کی غیر معمولی مالی کامیابی کو دخل تھا لیکن جیسے ہی وہ سانگ پبلسٹی کے ڈائریکٹر بنے، شاعروں کو ان کی ذات اور ان کے کلام میں ہر قسم کے محاسن نظر آنے لگے۔ یہ بات حفیظ کے حق میں جاتی ہے کہ انھوں نے کسی شاعر کے خلاف بغض سے کام نہیں لیا اور مشاعروں میں شرکت اور گیت نویسی کے سلسلے میں جس شاعر کو جو فائدہ وہ پہنچا سکتے تھے، اس سے انھوں نے دریغ نہیں کیا۔ مجھ سے وہ پہلے ہی کی طرح تپاک اور گرمجوشی سے ملتے رہے بلکہ انھیں یہ شکایت بھی تھی کہ اتنے قریبی تعلقات کے باوجود میں ان کی مقتدر حیثیت سے کوئی فائدہ نہیں اٹھاتا۔ ایک دن ترنگ میں آئے تو کہنے لگے : " متّل! مجھ سے چوہے تک فائدہ اٹھا رہے ہیں لیکن تو کوئی فائدہ نہیں اٹھاتا۔" میں نے جواب میں کہا : " میں چوہا نہیں ہوں۔"

اخبار نویسوں کو بھی جنگ سے فائدہ ہی پہنچا۔ لوگوں کی جیب میں پیسہ آیا تو اخباروں کی اشاعتیں بڑھنے لگیں اور اس کے ساتھ ہی اخبار نویسوں کی تنخواہیں۔ پھر پنجاب کا تعلقاتِ عامہ کا محکمہ تھا جو اخباروں میں مفید مطلب خبریں اور مضامین شائع کرانے کے لیے اخبار نویسوں کی در پردہ مدد کرتا تھا۔

لاہور کی بساطِ شعر و ادب کے نو واردوں میں ساحر لدھیانوی تھے۔ میری ان کی ملاقات روزنامہ "نیشنل کانگرس" کی ملازمت کے دوران اتفاقاً ہی ہو گئی۔ لاہور سے مالیر کوٹلہ جاتے ہوئے میں کچھ دیر کے لیے لدھیانہ ٹھہر گیا تھا۔ اس مختصر سے قیام کے دوران میں میں عرش ملسیانی سے ملنے گیا۔ شام کو کوئی مشاعرہ تھا۔ ان کے ساتھ ہی

وہاں بھی چلا گیا۔ ساحر سے میری ملاقات وہیں ہوئی۔ ساحر مجھے اپنے گھر لے گئے اور بڑی تواضع سے پیش آئے۔ ساحر کا گھر آزاد منش نوجوانوں کا اچھا خاصہ تکیہ تھا۔ ان میں کوئی آرٹسٹ تھا، کوئی ٹریڈ یونینسٹ اور کوئی شاعر یا صرف شاعری کا پرستار۔ ساحر کے گھر ان سب کی تواضع ہوتی تھی اور تقریباً ہر وقت جمگھٹا لگا رہتا تھا۔ مجھے یہ ماحول پسند آیا چنانچہ جب یہ اصرار ہوا کہ میں اس رات کی بجائے اگلے دن مالیرکوٹلہ جاؤں تو میں نے فوراً ہی مان لیا۔

ساحر گورنمنٹ کالج لدھیانہ میں طالب علم تھے، جہاں مخلوط تعلیم تھی۔ کالج کا پرنسپل ایک انگریز تھا جو ہندوستان میں نیا نیا آیا تھا اس لیے یہاں کے ماحول سے کچھ زیادہ واقف نہیں تھا۔ چاہتا تھا کہ مخلوط تعلیم صحیح معنی میں مخلوط ہو۔ لڑکے اور لڑکیاں صرف ہم درس ہی نہ ہوں بلکہ آزادانہ آپس میں ملیں جلیں بھی۔ یہ فیصلہ کافی پیچیدگیوں کا باعث بنا۔ اکثر طالب علم قدامت زدہ گھرانوں سے تعلق رکھتے تھے۔ ظاہر ہے کہ اس قسم کا ماحول انھیں راس نہیں آسکتا تھا۔ ایک لڑکا، جو قرآن کا حافظ تھا لڑکیوں کو اپنی طرف راغب کرنے کے لیے اوراد و وظائف میں مصروف ہوگیا اور ایک اور جو کچھ صوفی منش تھا دریا کے کنارے ایک ٹانگ پر کھڑا ہو کر عملِ حُب کی پریکٹس کرنے لگا۔ آخر کالج کے حکّام نے فیصلہ کیا کہ حقیقی مخلوط تعلیم کا تجربہ کامیاب نہیں ہوا ہے اور طلبا کو اس حقیقت سے آگاہ کر دیا گیا۔ جو لوگ میل جول کے کچھ زیادہ قائل تھے انھیں بالواسطہ طور پر مشورہ دیا گیا کہ وہ اس کالج کو چھوڑ کر کسی اور کالج کا رخ کریں۔ اس سلسلے میں ساحر لدھیانوی بھی لدھیانہ کو خیرباد کہہ کر لاہور کے دیال سنگھ کالج میں پہنچ گئے۔

لدھیانے کے کمیونسٹوں کو جن کے لیے ساحر لدھیانوی کافی مفید تھے یہ تشویش ہوئی کہ گوپال متّل کی بُری صحبت میں پڑ کر ساحر کا ترقی پسندی پر سے ایمان اُٹھ جائے گا۔ انھوں نے لاہوری کمیونسٹوں سے استمداد کی جنھوں نے ساحر کے ایمان کو راسخ بنانے کے لیے انھیں لاہور اسٹوڈنٹس یونین کا صدر بنا دیا لیکن ساحر کی دلچسپیاں تعلیم اور

سیاست دونوں سے بس واجبی ہی تھیں۔ نہ ان کی تعلیم کا سلسلہ زیادہ دن چلا اور نہ لیڈری کا اور میرے ساتھ ان کے مراسم بدستور قائم رہے۔

تعلیم کا سلسلہ منقطع ہوا تو ساحر شعر و ادب کی طرف زیادہ متوجہ ہوئے۔ وہ مرنجاں مرنج اور خوش اطوار تھے اور مادی طور پر صرف یہی نہیں کہ ضرورت مند نہیں تھے بلکہ دوسروں پر تھوڑا بہت خرچ بھی کر سکتے تھے۔ اس لیے انھیں شعر و ادب کی محفلوں میں جلد ہی پذیرائی حاصل ہو گئی۔ ہر دلعزیزی حاصل کرنے کے لیے وہ ایثار بھی کافی کرتے تھے۔ خود پیسہ اخبار اسٹریٹ کے گھٹیا چائے خانوں میں چائے پیتے اور دوسروں کی مال روڈ کے ریستورانوں میں تواضع کرتے۔ "ادب لطیف" کے ایڈیٹروں کو تنخواہ برائے نام ہی ملا کرتی تھی اور ایک طرح سے یہ عہدہ اعزازی ہی تھا لیکن حصول شہرت کا "ادب لطیف" چونکہ ایک اچھا ذریعہ تھا اس لیے ایڈیٹر ڈھونڈنے میں مالکوں کو کوئی خاص مشکل پیش نہیں آتی تھی۔ ساحر لدھیانوی کچھ نمایاں ہوئے تو یہ عہدہ انھیں سونپ دیا گیا۔ ساحر لدھیانوی کو جو تنخواہ ملتی تھی اس سے کہیں زیادہ وہ جریدے کے مالک چودھری نذیر احمد کی تواضع پر صرف کر دیا کرتے تھے اس بنا پر انھیں ادارتی معاملات میں کافی چھوٹ ملی ہوئی تھی۔ وہ جریدے کو اپنے ذاتی پروپیگنڈے کے لیے استعمال کرتے اور دوسرے شاعروں اور ادیبوں کے ساتھ مراسم استوار کرنے کے لیے بھی۔

پروپیگنڈے کا فن بھی ساحر کو خوب آتا تھا۔ وہ جانتے تھے کہ حصول شہرت کا بہترین ذریعہ یہ ہے کہ اپنے متعلق زیادہ سے زیادہ غلط فہمیاں پھیلائی جائیں۔ "تلخیاں" کا پہلا ایڈیشن انھوں نے ڈھائی سو کی تعداد میں چھاپ کر دوستوں میں تقسیم کر دیا۔ ظاہر ہے کہ اس کے بعد دوسرا ایڈیشن چھاپنا چنداں مشکل نہیں تھا اور پہلے ایڈیشن کے اتنی جلد ختم ہو جانے کو بڑی آسانی سے کتاب کی بے پناہ مقبولیت کا نام دیا جا سکتا تھا۔

مجاہد بننے کا ان دنوں سبھی ادیبوں اور شاعروں کو جنون تھا۔ ساحر بھی اس معاملے میں پیچھے نہیں تھے لیکن یہ نکتہ بھی ان کی نظر میں تھا کہ:

عاشقی شیوۂ رندانِ بلاکش باشد

رندِ بلاکش وہ نہیں تھے، اس لیے بہت ہی پھونک پھونک کر قدم رکھتے تھے، ان کی نظم "چکلے" جو کسی نظم میں آکر کافی مشہور ہوگئی ہے، وہ انھوں نے اسی زمانے میں لکھی تھی۔ اس نظم کا ایک مصرعہ تھا:

خدیجہ کی ہم جنس رادھا کی بیٹی

کسی نے ان سے کہا کہ طوائف کو خدیجہ کی ہم جنس کہنے کی بنا پر مسلمان ان سے خفا ہوجائیں گے اور انھیں پیٹیں گے، ساحر نے فوراً ہی یہ مصرعہ اس طرح بدل دیا۔

زلیخا کی ہم جنس رادھا کی بیٹی

جب کچھ دوستوں نے یہ کہا کہ طوائف کو رادھا کی بیٹی کہنے پر ہندو بھی برہم ہوسکتے ہیں تو ساحر نے کہا ہندو پیٹیں گے نہیں۔

کہتے ہیں کہ شیخ چلی ایک دن سڑک پر بجلی کے کھمبے کے نیچے کوئی چیز ڈھونڈ رہے تھے کسی نے پوچھا: شیخ کیا ڈھونڈ رہے ہو۔ جواب دیا۔ سوئی ڈھونڈ رہا ہوں جو گھر میں کھو گئی ہے۔ اس سوال پر کہ گھر میں گمشدہ سوئی سڑک پر کیوں ڈھونڈی جارہی ہے، شیخ نے جواب دیا گھر میں روشنی جو نہیں۔

ترقی پسندی کے مدعی نوجوانوں کی یہ کمزوری اکثر دیکھی گئی ہے۔ مروّجہ عقائد کے خلاف جہاد کے سلسلے میں وہ اپنی توجہ بالعموم انہی گوشوں پر مبذول کرتے ہیں جہاں ردِّ عمل کا کم سے کم اندیشہ ہو۔ لندن میں برہم نوجوانوں کے لیڈر طارق علی سے جب کسی نے پوچھا کہ وہ اپنی برہمی کا مظاہرہ پاکستان میں کیوں نہیں کرتا تو اس نے فوراً جواب دیا: وہاں مجھے گرفتار کرلیا جائے گا۔

پنڈت ہری چند اختر جو سانگ پبلسٹی کے شعبے میں حفیظ جالندھری کے نائب بنے، بڑے ذہین اور ذی علم آدمی تھے۔ اردو زبان اور اردو ادب کے متعلق ان کی معلومات کا یہ عالم تھا کہ یہ بات بجا طور پر کہی جاسکتی تھی کہ جس چیز کا انھیں علم نہیں وہ اس قابل ہی نہیں کہ اسے جانا جائے۔ ان کا مجھ پر ایک احسان بھی ہے جس کی بنا پر میں انھیں ہمیشہ اپنا اُستاد

سمجھتا ہوں گا۔ اپنی ادبی زندگی کے آغاز میں ایک دن میں حفیظ جالندھری اور ان کے پاس بیٹھا تھا۔ موضوعِ گفتگو یہ تھا کہ اگر ادب کو ذریعۂ معاش بنانا ہو تو صرف شاعری سے کام نہیں چلتا۔ ضروری یہ ہے کہ نثر نگاری میں کمال حاصل کیا جائے۔ نثر نویسی پر بات چلی تو ہری چند اختر نے مجھ سے مخاطب ہو کر کہا "متّل! نظم میں وزن کا لحاظ تو ایک احمق بھی رکھ سکتا ہے لیکن نثر میں وزن پیدا کرنا مشکل ہے۔" میں نے ان کی اس بات کو گرہ سے باندھ لیا۔ میرا خیال ہے کہ میں اگر بُری بھلی نثر لکھ لیتا ہوں تو اس میں ہری چند اختر کی اس راہ نمائی کو بڑا دخل ہے۔ بعد میں جب وہ میری نثر کی داد دیا کرتے تھے تو میں انھیں ان کا قول یاد دلاتا تھا۔ اس بنا پر جب میں ان کی شاگردی کا اعتراف کرتا تو وہ کہا کرتے تھے کہ یہ بات تو میں نے تقریباً ہر نوجوان سے کہی ہے اور تم سے تو بڑے ہی سرسری طور پر کہی تھی۔

پنڈت ہری چند اختر جتنے ذہین اور ذی علم تھے اتنے ہی بذلہ سنج بھی تھے لطیفہ گوئی میں عبدالمجید سالک کو چھوڑ کر کوئی بھی ان کا مدِّمقابل نہیں تھا۔ اچھے اچھوں کو چٹکیوں میں اُڑا دیتے۔ حلقۂ نیاز مندانِ لاہور کے حریفوں کو استدلال سے زک دینے کا کام محمد دین تاثیر کرتے تھے اور اُن پر استہزا کے تیر برسانا ہری چند اختر کا کام تھا۔

ایک صاحب پنڈت راج نرائن ارمان تھے۔ ان کا مولد دلّی تھا۔ لیکن لاہور کو انھوں نے اپنا مستقل وطن بنا لیا تھا۔ زبان دانی پر بہت نازاں تھے اور اس سے بھی زیادہ اس بات پر کہ وہ داغ کے شاگرد ہیں۔ بات بات پر کہتے تھے انھیں کیا گھمنڈ ہے۔ میں داغ کا شاگرد ہوں۔ گھمنڈ کا لفظ جب ان کی بڑی بڑی مونچھوں سے ہو کر گزرتا تو سننے والوں کو "گھمنڈا" سنائی دیتا۔ حلقۂ نیاز مندانِ لاہور سے ان کی ٹھنی تو حسبِ معمول ہری چند اختر میدان میں اُترے۔ "پارس" میں "گھمنڈا" کے عنوان سے دوزخی کے نام سے ایک نظم شائع ہوئی جس کا ایک شعر تھا:

تو داغ کا استاد ہو یا داغ کا شاگرد
دانی ہیں مگر سب ترے اشعار گھمنڈا

ہر شخص جانتا تھا دوزخی کے پردے میں پنڈت ہری چند اختر ہی ہیں۔

راج نرائن ارمان کی گت بنی شروع ہوئی تو بنتی ہی چلی گئی۔ ایک بار طرحی مشاعرے میں غزل پڑھ رہے تھے۔ ردیف تھی 'آنکھیں'۔ آبیل مجھے مار کے مصداق ارمان صاحب ہر مصرعے پر حریفوں کو للکارتے اور مونچھوں پر تاؤ دیتے۔ ان کی عادت تھی کہ مطلع کے بعد شعر پڑھتے وقت مصرع ثانی قافیے پر ختم کر دیتے اور متوقع ہوتے کہ ردیف حاضرین دہرائیں۔ تیسرے یا چوتھے شعر پر قافیے تک پہنچ کر وہ چپ ہوئے تو حاضرین میں سے ایک آواز آئی 'مونچھیں'۔ ارمان صاحب پکارے: نہیں آنکھیں۔ اس پر مشاعرے میں اچھا خاصا دنگل شروع ہو گیا۔ ارمان صاحب اسٹیج سے پکارتے: نہیں آنکھیں اور حاضرین بیک آواز کہتے، نہیں مونچھیں۔

راج نرائن ارمان زبردست مناظرہ باز تھے اور انھوں نے اپنے لیے کھٹ شاستری کا لقب اختیار کر رکھا تھا۔ نوک جھونک میں مات کھائی تو مناظرہ بازی پر اتر آئے اور حفیظ جالندھری کی شاعری میں ہندو دشمنی کی تلاش میں مصروف ہو گئے۔ حفیظ جالندھری نے کرشن جی پر کئی نظمیں لکھی تھیں جن میں سے بیشتر آریہ سماجی اخباروں کے کرشن نمبروں میں شائع ہوئی تھیں۔ ان سب نظموں میں ارمان صاحب کو کرشن جی کی توہین نظر آنے لگی۔ بات نے کافی طول کھینچا اور پنجاب اسمبلی تک میں سوال اٹھائے گئے لیکن بات جب سرے ہی سے بے بنیاد تھی تو نتیجہ کیا نکلتا۔ انھی صاحب نے ایک کتابچے میں یہ بھی ثابت کیا تھا کہ زمین گھومتی نہیں، ساکن ہے۔

اپنی بذلہ سنجی کی بدولت پنڈت ہری چند اختر کو بلا کی مقبولیت حاصل تھی۔ ہر محفل میں ان کی پذیرائی تھی۔ دوست ان کے مدّاح تھے اور دشمن ان سے خائف تھے لیکن یہی مقبولیت اور پذیرائی ان کی ادبی زندگی کے لیے زہرِ ہلاہل بن گئی کیونکہ ان کا بیشتر وقت معرکہ آرائیوں اور لطیفہ گوئیوں میں گزر جاتا تھا۔ وہ سنجیدگی سے علمی یا ادبی کام کرتے تو اردو زبان اور ادب کی قابلِ قدر خدمت انجام دے سکتے تھے۔ حفیظ نے اپنے افسانوں کا مجموعہ شائع کیا تو زیبِ عنوان ان کے اس شعر کو بنایا تھا:

مُسکرا دے، قصۂ اُمّید کر دے مختصر یا بڑھا لے چل، ذرا سی بات کو افسانہ کر

پنجاب میں استادی کے مدّعی تو بہت تھے لیکن استادانہ شعر ہری چند اختر ہی کہتے تھے :

پہلے تو شرمِ ضبط سے چپ تھے حضورِ دوست
پھر حوصلے سے کام لیا اور رو دیے

○

نگاہیں دشمنوں کو ڈھونڈتی ہیں
ہجومِ دوستاں ہے اور میں ہوں

○

ملاقاتیں بھی ہوتی ہیں، ملاقاتوں کے بعد اکثر
وہ مجھ کو بھول جاتے ہیں میں اُن کو یاد کرتا ہوں

○

اُستادانہ مہارت کے ساتھ اُن کی شاعری میں جذبہ بھی تھا۔ یہ اجتماع بہت کم ہوتا ہے لیکن یہ سارا فضل و کمال :

صرفِ پیمانہ ہوا وقفِ صنم خانہ ہوا

پیمانے اور صنم خانے کی بات یہاں صرف زینتِ سخن کے لیے ہے ورنہ پنڈت ہری چند اختر ان دونوں سے بے نیاز تھے اور میرا خیال ہے کہ جہاں ان کی علمی اور ادبی صلاحیتوں کو ان کی بذلہ سنجی اور ان کے لااُبالی پن نے نقصان پہنچایا وہاں ان کی غیر معمولی شرافت بھی ان کی تباہی کا باعث بنی۔ شرافت کو انھوں نے اپنا نصب العین بنا لیا تھا جس پر قربان ہو جانا اُن کی زندگی کی معراج تھی۔ ان کے بیشتر دوست شرابی تھے۔ وہ ان کی محفلوں میں برابر شریک ہوتے تھے اور شرابی جو حرکتیں بہک کر کرتے ہیں انھیں وہ ان کا ساتھ نباہنے کو بن پیے ہی کرتے رہتے۔ ان کے پائے زہد کو لغزش تو کبھی نہیں ہوئی البتہ اس مظاہرۂ پاکبازی سے ان کے انا کی تسکین ضرور ہوتی تھی اور کبھی کبھی تو ان کی پیشانی پر نورِ شہادت بھی جھلک اٹھتا تھا۔ عورتوں کے معاملے میں بھی وہ غیر معمولی طور پر پاکباز تھے۔ اپنے رنگین مزاج دوستوں

کے ساتھ طوائفوں کے کوٹھے پر جانا ان کے نزدیک ممنوع نہیں تھا لیکن وہاں جاکر طوائفوں سے وہ کوئی شریفانہ قسم کا رشتہ ضرور قائم کر لیتے تھے۔ سانگ پبلسٹی کے شعبے کی ملازمت کے دوران میں ان کا واسطہ طوائفوں سے اکثر پڑتا تھا۔ یہ طوائفیں عملے کے دوسرے اراکین کے لیے خواہ کتنی ہی مصیبت کا باعث بنی ہوں لیکن پنڈت جی اپنے حصارِ پاکدامنی میں مگن رہے، بہن کا لفظ ہمیشہ ان کے لیے سپر کا کام دیتا رہا۔ لاہور کی ایک طوائف البتہ اس معاملے میں کچھ زیادہ ہی ستم ظریف نکلی۔ یہ سانگ پبلسٹی میں اُن کی ملازمت سے پہلے کی بات ہے۔ پنڈت جی دن کے وقت اس کے کوٹھے پر بیٹھے خوش گپیوں میں مصروف تھے عین اس وقت جب پنڈت جی کا پندارِ پاکبازی اپنے پورے عروج پر تھا اس ستم پیشہ نے کہا: پنڈت جی آج کل لوگ بہت سیانے ہوگئے ہیں۔ تحریک یہاں سے حاصل کرتے ہیں اور کارروائی گھر جاکر۔

ظلم پذیری بھی ان کی فطرتِ ثانیہ تھی۔ ان کے مراسم بہت دُور تک تھے۔ اگر وہ ان مراسم کو اپنے دُنیاوی عروج کے لیے استعمال کرتے تو کامیابی کی بڑی اونچی منزل پر پہنچ سکتے تھے لیکن حرفِ مطلب زبان پر لانا ان کی شانِ بے نیازی کے منافی تھا۔ اس بے نیازی کے باوجود وہ عجیب و غریب قسم کے لوگوں سے ملتے رہتے اور انھیں خوش رکھنے کی کوششوں میں بھی لگے رہتے۔ سید انشا کا شعر ہے:

صاحب کے ہرزہ پن سے ہر ایک کو گلہ ہے
میں جو نباہتا ہوں میرا ہی حوصلہ ہے

سید انشا تو 'صاحب کے ہرزہ پن' کو خالص دُنیاوی مقاصد کے پیشِ نظر برداشت کرتے تھے لیکن ہری چند اختر یہ فرض بے غرضانہ طور پر انجام دیتے رہے۔

کسی منگلوار کو نہا دھو کر ہنومان جی کے مندر جاکر وہ اگر تھوڑا سا مردانگی کا وردان مانگ لیتے تو یہ ان کے لیے بھی مفید ہوتا اور اُردو ادب کے لیے بھی۔

شاعروں اور ادیبوں کی نوک جھونک میں کبھی کبھی کسی کے ساتھ زیادتی بھی ہوجاتی تھی۔ لوہاری دروازے کے چوک میں ایک معمر شاعر رہتے تھے۔ غالباً اظہر تخلص کرتے

تھے، اپنے نام کے ساتھ حکیم لکھتے تھے اور اپنے کمرے کے آگے "شاعری سکھانے کا کالج" کا بورڈ لگا رکھا تھا۔ انھیں جو شامتِ اعمال نے گھیرا تو کسی بات پر تاثیر سے بگاڑ پیدا کر لیا۔ تاثیر ٹھہرے بلا کے ستم ظریف۔ "پارس" میں ایک غزل اشاعت کے لیے بھیج دی اور اس پر یہ نوٹ لکھ دیا کہ یہ غزل صنعتِ توشیح میں کہی گئی ہے۔ "پارس" والوں کی بلا جانے کہ صنعتِ توشیح کیا ہوتی ہے۔ انھوں نے غزل اسی نوٹ کے ساتھ شائع کر دی۔ حکیم صاحب نے غزل دیکھی تو بھنّا کر رہ گئے۔ صنعتِ توشیح کا مطلب یہ ہے کہ اگر ہر مصرعِ اوّل کا پہلا حرف لیا جائے اور پھر ان حروف کو ملا لیا جائے تو بامعنی عبارت بن جاتی ہے۔ اس صنعت کے پردے میں تاثیر نے حکیم صاحب کا نام لے کر انھیں ایک فحش گالی دے ڈالی تھی۔

حکیم صاحب پر ایک مرتبہ ایک اور ظلم بھی ہوا۔ وہ خدا کو نہیں مانتے تھے اور ان کے ہم عقیدہ کچھ نوجوان ان کے گرد جمع ہو گئے تھے۔ گول باغ لاہور کا ایک بہت بڑا پارک تھا۔ اس کے ایک کونے میں لالہ لاجپت رائے کا بُت نصب تھا جس کے گرد بنچ بچھے ہوئے تھے۔ حکیم صاحب اپنی منڈلی کے ساتھ ہر شام ان میں سے ایک بنچ کو گھیر لیتے اور یہ منڈلی خدا کے خلاف اپنا کورس شروع کر دیتی۔ اس جگہ سے کچھ فاصلے پر برگیڈ کا اسٹیشن تھا۔ ایک دن اس کے عملے کے کچھ لوگ ادھر آ نکلے۔ انھوں نے حکیم صاحب کی منڈلی کو کفر بکتے دیکھا تو بڑی ناگواری محسوس کی اور انھیں دینداری کا سبق دینے کے لیے اپنے باقی ساتھیوں کو بھی بلا لائے۔ سب نے مل کر حکیم صاحب اور ان کے ساتھیوں کی پٹائی شروع کر دی۔ معلوم ہوتا ہے کہ یہ حملہ انھوں نے ایک منظم اسکیم کے تحت کیا تھا۔ اس خیال سے کہ کوئی فرقہ وارانہ سوال پیدا نہ ہو، عملے کے اراکین نے پٹائی کے لیے اپنے اپنے ہم مذہبوں ہی کو منتخب کیا۔ اتفاق ایسا تھا کہ پیٹنے والوں میں مسلمانوں کی اکثریت تھی اور پٹنے والوں میں تنہا مسلمان حکیم صاحب تھے لہٰذا ان کی پٹائی تناسب سے کہیں زیادہ ہو گئی۔ سوال ایسا تھا کہ کوئی داد فریاد ممکن نہیں تھی۔ بچارے خاموش ہو رہے۔ اس ہنگامے کا ایک ضمنی نتیجہ یہ نکلا کہ احسان دانش نے مزنگ میں اپنے پڑوس

کی مسجد میں باقاعدہ نماز پڑھنی شروع کر دی۔

حفیظ جالندھری کی شہرت کا انحصار غزل اور ہلکے پھلکے گیتوں پر تھا اور یہ واقعہ ہے کہ ان کے محکمے سانگ پبلسٹی نے جنگ کی حمایت میں جو گیت لکھوائے ان میں بہترین گیت حفیظ ہی کا تھا:

یہ اڑوسن پڑوسن چاہے کچھ کہے
میں تو چھورے کو بھرتی کرا آئی ری

ظاہر ہے کہ اڑوسن اور پڑوسن سے مراد کانگرس اور مسلم لیگ تھیں جو دونوں ہی حمایتِ جنگ کے معاملے میں مینِ میخ نکال رہی تھیں۔

سانگ پبلسٹی کا ڈائرکٹر بننے کے بعد حفیظ کے گرد مداحین کا ہجوم جمع ہوا، تو وہ محسوس کرنے لگے کہ یہ شہرت ان کے لیے کافی نہیں اور انھیں دانشوری کے میدان میں بھی جھنڈے گاڑنے چاہییں۔ انھوں نے "آزادی" کے عنوان سے ایک نظم لکھی جس میں آزادی کے منفی پہلو بیان کرنے کے بعد تان یہاں توڑی تھی۔

جب تک چور دں، راہزنوں کا ڈر دنیا پر غالب ہے
پہلے مجھ سے بات کرے جو آزادی کا طالب ہے

اپنے قصرِ دانشوری کی بنیاد وہ اس نظم اور اس قسم کی ایک آدھ اور نظم مثلاً "اب خوب ہنسے گا دیوانہ" پر رکھنا چاہتے تھے لیکن اس معاملے میں کامیابی انھیں نہ ہونا تھی نہ ہوئی۔

ایک دن ماڈل ٹاؤن بس میں اُن کا ہمسفر تھا۔ انھوں نے اپنی نئی نظمیں مجھے سنائیں اور ان میں دانشوری کے جو نکات و رموز تھے ان کی تشریح بھی فرماتے گئے۔ جلد ہی انھوں نے محسوس کر لیا تھا کہ میں متاثر نہیں ہو رہا ہوں۔ اس پر انھوں نے اپنا تازہ گیت "بس درشن درشن میرا" ترنم سے پڑھنا شروع کر دیا۔ میں نے حفیظ کو مشاعروں میں بھی سنا ہے اور محدود اور مختصر نشستوں میں بھی لیکن اس دن ان کی آواز میں کچھ اور ہی جادو تھا اور ان کا یہ گیت بھی ان کے بہترین گیتوں میں ہے۔ مجھ پر وجد کی سی کیفیت طاری ہو گئی۔

اپنی اس شہرت سے کہ وہ ہلکے پھلکے شاعر ہیں، اوپر اٹھنے کی کوشش میں حفیظ نے "شاہنامۂ اسلام" لکھ کر بھی کی تھی۔ اپنی اس تصنیف سے انھیں پیسہ بھی ملا اور شہرت میں اضافہ بھی ہوا۔ انھیں "شاہنامۂ اسلام" سنانے کے لیے اسلامی جلسوں میں مدعو کیا جاتا لیکن جلسے کے بعد جو ادبی نشستیں ہوتیں ان میں لوگ غزل اور گیت کا مطالبہ ہی کرتے۔ پیامی شاعر کی حیثیت سے ان کی کوئی خاص پذیرائی نہ ہو سکی۔

دانشوری کا سٹنٹ شاعری میں ترقی پسندوں نے چلایا تھا۔ کوئی بھی کلیت کیش تحریک اس چیز کی روادار نہیں ہو سکتی جسے جنون و جذبہ کا نام دیا جاتا ہے۔ جنون و جذبہ میں پر اسراریت ہوتی ہے اور پر اسراریت کو کوئی آمرانہ نظام برداشت نہیں کر سکتا۔ پھر یہ بھی تھا کہ اکثر شاعر جو ترقی پسند تحریک کے گرد جمع ہوئے، متشاعر ہی تھے اور جذبات کی نازک پرچھائیوں کی عکاسی اُن کے بس میں نہیں تھی۔ اپنے عجز پر انھوں نے دانشوری کا پردہ ڈال لیا اور جو چیز ان کے بس میں نہیں تھی، اسے بورژوائی عیوب کی فہرست میں شامل کر دیا۔ محبت جو اُردو غزل کا سدا بہار موضوع تھی، اب معتوب قرار پائی اور اس قسم کی نظمیں عام ہو گئیں جن میں شاعر اپنی محبوبہ سے گڑگڑا کے التجا کرتا تھا کہ وہ اپنے تقاضائے محبت کو انقلاب آنے تک ملتوی کر دے۔ اس بات کا فیصلہ تو کوئی ماہرِ نفسیات ہی کر سکتا ہے کہ اس قسم کی التجا میں انفعالِ جنسی کا کہاں تک دخل تھا لیکن اتنا ضرور تھا کہ اس قسم کے پوز سے ترقی پسند شاعروں کے انا کی تسکین ہوتی تھی۔ اس سے زیادہ خوش آئند تصور اور کیا ہو سکتا تھا کہ شاعر اپنے دَور کا اچھا خاصا گلفام ہے اور یہ اس کا غیر معمولی ایثار ہے کہ وہ کامیاب محبت کے امکانات کو قومی مفادات پر قربان کر رہا ہے۔ ویسے اس دور کی کامیاب نظمیں وہی تھیں جن میں اپنی شکست کا اعتراف تھا اور نارسائی کا احساس کھل کر سامنے آیا تھا۔ مثال کے طور پر مجاز کی نظم "آوارہ"۔ اس نظم کا ہیرو تخریب کا خواب دیکھنے پر صرف اس لیے آمادہ ہوتا ہے کہ عیش و عشرت کی زندگی تک اس کی رسائی ممکن نہیں۔

شاعری میں ترکِ عشق کے دعاوی کے باوجود اپنی عام زندگی میں ترقی پسند شاعروں

کا رویہ غزل کے روایتی عاشق سے چنداں مختلف نہیں تھا، یہ ہر خوبصورت لڑکی کو دیکھ کر آہیں بھرتے اور طبقاتی تضاد کی دہائی دیتے رہنے کے باوجود اونچی سے اونچی حویلی پر اپنے عشق کی کمند پھینکنے پر تیار رہتے۔ اس قسم کے ایک عشق کا ذکر دلچسپی سے خالی نہیں۔ یہ عشق ساحر لدھیانوی، دیوندر ستیارتھی اور ایک نوجوان شاعر اشک نے جس کا پچھلے دنوں بمبئی میں انتقال ہوگیا، امداد باہمی کے اصول پر کیا تھا اور ان کے عشق کی ہدف تھی ایک فارغ البال شاعرہ۔ ستیارتھی کے پاس ان دنوں ایک کیمرہ تھا۔ ہر روز شاعرہ کی نئے نئے زاویوں سے تصویریں کھینچنے لگیں۔ ساحر کے پاس کیمرہ نہیں تھا لیکن انھوں نے اپنی پذیرائی کے لیے یہ حربہ ڈھونڈھا کہ شاعرہ کے آنریری پبلسٹی ایجنٹ بن گئے۔ وہ اس کی نظموں کے اردو میں منظوم ترجمے کرتے اور مختلف جرائد میں انھیں چھپواتے ہی نہیں بلکہ ان پر تعریفی نوٹ بھی لکھواتے۔

شاعرہ کا دوپہر کا وقت نسبتہً فراغت کا تھا۔ یہ دوپہر کی دھوپ میں پیدل اس کی کوٹھی پر پہنچتے اور وہ یہ سمجھ کر کہ غریب دھوپ میں چل کر آئے ہیں، انھیں شربت پلادیتی۔ یہ اس بے چاری کے ذہن میں کہاں تھا کہ یہ اس شربت کو شربتِ وصل کا دیباچہ سمجھتے ہیں۔

اس شاعرہ سے نہ تو میں کبھی ملا ہوں اور نہ میں نے اسے دیکھا ہی ہے لیکن یہ تینوں حضرات چونکہ مجھے اپنا ایک ہمدرد راز داں سمجھتے تھے اور انھیں میرے حسنِ سماعت پر بھروسہ تھا اس لیے ہر روز کی روداد مجھے سناتے رہتے تھے۔ یہ جاننے کی کوشش میں نے کبھی نہیں کی کہ ان کی داستانوں میں حقیقت اور افسانے کا امتزاج کس تناسب سے ہے اور یہ کمال بھی مجھے حاصل ہے کہ میرے چہرے کی کیفیات سے کوئی داستان گو یہ اندازہ مشکل ہی سے لگا سکتا ہے کہ میں اس کی بات کو کس حد تک باور کر رہا ہوں۔

اس داستان میں تکلف بھی بلا کا تھا۔ بالخصوص جب یہ ساحر یا اشک کی زبان سے بیان ہوتی تھی۔ یہ دونوں ستیارتھی سے کہیں زیادہ جانباز تھے اور ستیارتھی کی معیت میں دوپہر کے وقت شاعرہ کی کوٹھی پر جانے کے علاوہ رات بھر کوٹھی کا طواف بھی کیا کرتے تھے۔

اتفاق سے ان دنوں میرے بیوی بچے لاہور میں نہیں تھے اور میں ایک ایسے ہفت روزہ اخبار میں کام کرتا تھا جہاں میرے کوئی معینہ اوقاتِ کار نہیں تھے۔ صرف اتنی ذمہ داری مجھ پر تھی کہ پرچہ وقت پر مرتب ہو جائے۔ لہٰذا فراغت ہی فراغت تھی۔ صبح کہیں ہوتی اور شام کہیں اور لمحاتِ فرصت کو دلچسپ بنانے کا اس سے زیادہ اچھا طریقہ اور کیا ہو سکتا ہے کہ کسی کی داستانِ عشق سنی جائے۔

اشکؔ ان دنوں لا کالج میں پڑھتے تھے اور ساحرؔ کا بیشتر وقت بھی بالعموم وہیں گزرتا تھا۔ جب کافی شام ہو چکتی، ساحرؔ اور اشکؔ کہیں چل دیتے اور اگلی صبح ہی آتے۔ میں اس دوران میں اشکؔ کے کمرے میں سویا رہتا۔ صبح آکر وہ مجھے جگاتے اور نہانے دھونے اور ناشتے سے فارغ ہوتے ہی اپنی داستان شروع کر دیتے۔ عجیب بات یہ تھی کہ الگ الگ دونوں ہی مجھے یہ یقین دلانے کی کوشش کرتے کہ وہ عشق کا سوانگ رچا کر دوسرے کو بنا رہے ہیں۔ اگر یہ واقعی بنا نا تھا تو رات بھر کی بیداری اس کی کچھ زیادہ ہی قیمت تھی۔ کبھی کبھی مجھے یہ شبہ بھی گزرتا تھا کہ ساحرؔ اس مقولے پر عمل کر رہا ہے کہ حصولِ شہرت کا واحد ذریعہ یہ ہے کہ اپنے متعلق جتنی غلط فہمیاں پھیلا سکتے ہو پھیلا دو۔

ایک دن آسمان پھٹ پڑا۔ اس وقت تک ساحرؔ پیسہ اخبار اسٹریٹ میں شورش کاشمیری کے کمرے میں منتقل ہو چکے تھے۔ شورش اکثر خود وہاں موجود نہیں رہتے تھے اس لیے محفل وہیں جم جاتی تھی۔ اس دن میں وہاں پہنچا تو سنّاٹا تھا، ساحرؔ اور اشکؔ شاعرہ پر بُری طرح برس رہے تھے جس نے "دولت کا سہارا لے کر" ان "غریبوں کی محبت کا مذاق اُڑایا" تھا۔ خیریت پوچھی تو پتہ چلا کہ آج جب یہ لوگ وہاں پہنچے تو شاعرہ نے یہ کہہ کر تصویریں کھینچنے میں آپ حضرات کی جو فلمیں صرف ہوئی ہیں، ان کی قیمت تو مجھ سے لے ہی لیجیے!" انھیں حق الخدمت پیش کر دیا تھا۔

دانشوری کے دعوے سے ترقی پسند شاعروں اور ادیبوں کے انا کی تسکین اس طرح بھی ہوتی تھی کہ ان میں سے بیشتر کچھ زیادہ تعلیم یافتہ نہیں تھے اور جدید علوم تک جن پر عبور حاصل کیے بغیر دانشوری کا دعویٰ عرف مسخرہ پن ہے، ان کی رسائی یا تو تھی ہی نہیں

اور اگر تھی بھی تو برائے نام۔ ان نیم تعلیم یافتہ نوجوانوں کو کمیونسٹ پارٹی نے دانشور کا لقب دیا تو ان کی باچھیں کھل گئیں اور جذبۂ احسان مندی کے تحت وہ اس پارٹی کی ہر بات ماننے پر آمادہ ہو گئے۔

عجیب بات یہ ہے کہ اقبال نے جنھیں علوم قدیم و جدید پر واقعی عبور حاصل تھا، دانشوری کا دعویٰ کبھی نہیں کیا اور دانشوری کے سب سے بڑے مدّعی بنے جوش ملیح آبادی۔ جن کی تعلیم بس واجبی ہی تھی۔ جن دنوں جوش شالیمار فلم کمپنی میں ملازم تھے، عاشق بٹالوی پونہ گئے۔ اپنے قیام کے دوران میں وہ جوش سے بھی ملے۔ واپسی پر ان سے اپنی ملاقات کا حال بتاتے ہوئے کہنے لگے: جوش صاحب مجھ سے پوچھتے تھے کہ اضافیت کی تھیوری کیا ہے؟ میرے اس استفسار پر کہ اس انتہائی ادق تھیوری کو معلوم کر کے آپ کیا لیں گے۔ انھوں نے بے تکلفی سے کہا کہ میں اسے نظم کرنا چاہتا ہوں۔

نومبر ۱۹۴۱ء میں انڈین فیڈریشن آف لیبر کے زیر اہتمام لاہور میں اینٹی فاشسٹ کانفرنس ہوئی۔ کمیونسٹ اس وقت تک جنگی سرگرمیوں کے مخالف تھے اور جنگ کو سامراجی جنگ قرار دے رہے تھے۔ کانگرس کے رویّے کے پیش نظر ماحول ان کے لیے سازگار تھا۔ انھوں نے سوچا کیوں نہ اس سازگاری سے فائدہ اٹھا کر اپنے نظریاتی رقیبوں سے انتقام لیا جائے۔ کانفرنس کی صدارت کے لیے ایم۔ این۔ رائے خود تشریف لائے تھے۔ جیسے ہی ہم لوگ انھیں لے کر ویٹنگ روم سے باہر نکلے، پلیٹ فارم پر ہی کمیونسٹوں کا سامنا ہو گیا جو کالی جھنڈیاں لیے مردہ باد کے نعرے لگا رہے تھے۔ ان کے تیور بتا رہے تھے کہ مظاہرہ عدم تشدد کے اصول کے مطابق ہرگز نہیں ہو گا لیکن پیشتر اس کے کہ ان کی طرف سے کوئی عملی اقدام ہوتا ہمارے ایک ساتھی نے بڑھ کر ایک کمیونسٹ کی ناک پر مکّا جڑ دیا۔ باقیوں نے حقِ رفاقت ادا کیا تو کمیونسٹ اس مغالطے میں پڑ گئے کہ ہم نے ان کا مقابلہ کرنے کی پوری پوری تیاری کر رکھی ہے اور بھاگ کھڑے ہوئے۔ اس شام بریڈلا ہال میں، جو سیاسی پارٹیوں کا اڈہ بھی تھا، موضوعِ گفتگو

یہی رہا کہ کمیونسٹ پٹ گئے۔ غالباً یہ پہلا موقع تھا کہ ہلڑ بازی اور مار پیٹ کے میدان میں کمیونسٹوں کو شکست ہوئی تھی۔

پلیٹ فارم پر کمیونسٹوں کو شکست ہوئی تو ریلوے اسٹیشن کے باہر بھی مخالفانہ مظاہرے کی انھیں ہمّت نہ ہوئی۔ غالباً اسی مخالطے کے تحت کہ ان کے مقابلے کا پورا پورا بندوبست ہے کانفرنس کے دوران میں بھی، جو موچی دروازے کے باہر ہوئی تھی، انھوں نے کوئی گڑبڑ نہ کی۔ ویسے یہاں تو رفعِ شر کا انتظام بھی تھا۔ کانفرنس کو نارتھ ویسٹرن ریلوے کے مزدوروں کی تائید حاصل تھی۔ یونین کا دفتر موچی دروازے کے باہر ہی تھا۔ ایک تو یونین ویسے ہی اس علاقے کی واحد مؤثر اور فعّال یونین تھی، دوسرے موچی دروازے کے اندر اور اس کے آس پاس یونین کے لیڈروں کا کافی اثر تھا اور ہلڑ بازی کے میدان میں بھی وہ کچھ ناتجربہ کار نہیں تھے، اس لیے کمیونسٹوں نے مناسب یہی سمجھا کہ چپ سادھ لی جائے۔

کمیونسٹوں کے سکوت سے ہمارے بعض ساتھیوں نے یہ سمجھ لیا کہ انھوں نے اپنی پسپائی کا مکمل اعتراف کر لیا ہے چنانچہ کانفرنس کے بعد ایک جلسہ انھوں نے لاجپت رائے ہال میں رکھ دیا۔ یہ ناعاقبت اندیشی تھی کیونکہ لاجپت رائے ہال کے پاس ہی ڈی، اے، وی کالج ہوسٹل تھا جو خالی قوم پرستوں کا اہم مرکز تھا۔ ہمارے پہنچنے سے پہلے ہی پورا ہال اور گیلریاں مخالفین سے بھری ہوئی تھیں۔ ظاہر ہے کہ اس صورت میں جلسے کی کارروائی کیسے ہو سکتی تھی ہمیں ناکامی ہوئی لیکن اسے کمیونسٹوں کی کامیابی بمشکل ہی کہا جا سکتا تھا۔ مظاہرین میں کمیونسٹ خال خال ہی تھے۔ انھوں نے صرف اتنا کیا تھا کہ کالج کے طلبا سے قوم پرستی کی اپیل کر کے انھیں ہمارے خلاف بھڑکا دیا تھا۔

مخالفانہ مظاہرہ کرنے والوں نے ہم پر گندے انڈے بھی پھینکے اور ٹماٹر بھی۔ دشنام طرازی تو خیر ہونی ہی تھی۔ مظاہرے کا ایک دلچسپ پہلو یہ تھا کہ اس میں ایک ایسی لڑکی بھی شامل تھی جس کی بعد میں ہمارے ایک ساتھی سے شادی ہوئی جو اس وقت ہمارے ساتھ ڈائس پر موجود تھا اور مظاہرین کا ہدف تھا۔ شری اندر کمار گجرال سے بھی، جو ان دنوں محکمۂ اطلاعات و نشریات کے منسٹر آف سٹیٹ ہیں، پہلی مرتبہ یہیں ملاقات

ہوئی تھی وہ اُس وقت کمیونسٹوں کے محاذی ادارے سٹوڈنٹس فیڈریشن کی سرگرمیوں میں پیش پیش تھے۔

بہرحال کانفرنس کامیاب رہی تھی اور کمیونسٹ اس سے کافی پریشان تھے۔ اپنی جھینپ مٹانے کے لیے انھوں نے یہ پروپیگنڈہ شروع کیا کہ ہم طرا اور ایم۔ اے خان جیسے لوگوں سے مل گئے ہیں جو سوشلزم کی ابجد سے بھی ناواقف ہیں اور مزدوروں کو گمراہ کرنے والے پیشہ ور ہیں۔ یہ دونوں نارتھ ویسٹرن ریلوے کے مزدوروں کی یونین کے لیڈر تھے۔ یہ محکمۂ ریلوے کے سابق ملازم تھے اور ایک ہڑتال کے سلسلے میں دفتری عتاب کا نشانہ بن کر کُل وقتی ٹریڈ یونین لیڈر بن گئے تھے۔ کسی وقت طرا کی سیٹی کی بڑی دھوم تھی۔ مزدوروں کو اپنے گرد وہ سیٹی بجا کر ہی اکٹھا کیا کرتے تھے۔

ہمارے ساتھ رابطہ قائم کرنے کی بنا پر کمیونسٹ اب اُن کے خلاف ہر قسم کی الزام تراشی کر رہے تھے لیکن واقعہ یہ ہے کہ ان کی تائید اور حمایت حاصل کرنے کی خود انھوں نے بھی سرگرم کوشش کی تھی۔ ایک بار تو ہمارے اور کمیونسٹوں کے موقف سے تفصیلی آگاہی حاصل کرنے کے لیے ان دونوں لیڈروں اور ان کے ساتھیوں نے ہمیں اور کمیونسٹوں کو بیک وقت چائے پر مدعو بھی کیا تھا۔ اگر کمیونسٹ اس معاملے میں ناکام رہے تو اس کی وجہ ان لیڈروں کی مصلحت کوشی سے کہیں زیادہ یہ تھی کہ جہاں ہم لوگوں نے اُن سے مساویانہ سطح پر گفتگو کی وہاں تاریخی صداقت کے واحد امین" ہونے کے سبب کمیونسٹ ان کے ساتھ رعونت سے پیش آئے۔

کانفرنس کے بعد مجھے انڈین فیڈریشن آف لیبر کی پنجاب شاخ کی ورکنگ کمیٹی کا ممبر چُن لیا گیا۔ اس کا دفتر یونین کے دفتر میں ہی تھا اور اس کے بیشتر عہدیدار بھی یونین کے عہدیدار ہی تھے۔ ریڈیکل ڈیموکریٹک پارٹی کی طرح انڈین فیڈریشن آف لیبر بھی جنگی سرگرمیوں میں تعاون کی حامی تھی، جہاں وہ مزدوروں کو ہڑتالوں اور ایسی تخریبی سرگرمیوں سے جن سے جنگی کوششوں کو ضعف پہنچے، باز رہنے کا مشورہ دیتی تھی، وہاں مزدوروں کے جائز حقوق منوانے میں بھی سرگرداں رہتی تھی۔ اس سے مزدوروں کو بڑے فائدے پہنچے۔ صرف یہی نہیں کہ ان کی تنخواہوں میں اضافے ہوئے اور انھیں مہنگائی الاؤنس ملے بلکہ ان کے لیے

سستے اناج کی دوکانیں بھی کھولی گئیں۔ جہاں وہ عام گرانی کی زد سے بچ کر اشیائے ضرورت خرید سکتے تھے۔

مزدوروں کی حالت سدھری اور ان کی جیب میں پیسہ آیا تو ٹریڈ یونین کی قسمت بھی جاگنے لگی۔ اس کی مقبولیت اور اقتدار ہی میں اضافہ نہیں ہوا بلکہ مالی حالت بھی پہلے سے کافی سدھر گئی۔ رکنیت میں اضافے کے ساتھ ساتھ چندے بھی آسانی سے وصول ہونے لگے۔ یونین کے آئین کی رُو سے چندے کا اسّی فیصدی حصہ وصول کنندگان کو ملتا تھا اور اس کا صرف بیس فیصدی حصہ یونین کے دفتر میں پہنچتا تھا۔ مختلف شہر اور مراکز یونین کے لیڈروں نے آپس میں بانٹ رکھے تھے اور چندے کی وصولی کے لیے اخراجاتِ سفر بھی انھیں خود ہی برداشت کرنے ہوتے تھے۔ جن دنوں یونین کچھ زیادہ مقبول نہیں تھی اور چندے کمیاب تھے، وصول کنندگان کے اسّی فیصدی حصے کے باوجود ان کی جیب میں برائے نام ہی رقم پہنچتی تھی اور بے چارے تنگ دستی سے بسر کرتے تھے۔ اب چندے وافر ملنے لگے تو ان کی جیب خوب گرم رہنے لگی۔ ایک ایک جگہ سے ہزار ہزار ڈیڑھ ڈیڑھ ہزار رقم وصول کر لاتے، اور اس کا اسّی فیصدی ان کی جیب میں رہتا۔

پنجاب اسمبلی کے انتخابی حلقوں میں ایک حلقہ نارتھ ویسٹرن ریلوے کے مزدوروں کا بھی تھا۔ یہ بھی یونین کے لیڈروں کے لیے آمدنی کا ذریعہ تھا۔ جب بھی انتخاب ہوتا وہ اس سیٹ پر کسی سرمایہ دار امیدوار کو کھڑا کر دیتے اور اس سے اچھی خاصی رقم وصول کر لیتے۔ کہتے ہیں کہ ایک مرتبہ کسی ایسے ہی امیدوار کی کامیابی کے بعد یہ لوگ ہار اور گلدستے لے کر اسے مبارکباد پیش کرنے گئے تو اس نے انھیں اپنی کوٹھی میں گھسنے تک نہیں دیا۔ باہر ہی کہلا بھیجا کہ میرا آپ کا معاملہ ختم، آپ کو پیسے مل گئے اور مجھے اسمبلی کی سیٹ۔

کمیونسٹ اپنے مخالف ٹریڈ یونین لیڈروں کے خلاف جو کچھ کہتے تھے وہ سب غلط نہیں تھا۔ غلط ان کا اپنا دعویٰ پاکدامنی تھا۔ وہ خود بھی سب کچھ وہی کرتے تھے جو اُن کے ہدفِ دُشنام۔ دراصل کُل وقتی سیاسی کارکنوں کے لیے، جب تک وہ کسی اور وجہ سے مالی طور پر آسودہ نہ ہوں، ایماندارانہ روش کو نباہنا ممکن ہی نہیں ہوتا۔ ایسا نہیں

کہ ان میں ایثار نہیں ہوتا۔ یہ لوگ قید و بند کی سختیاں بھی جھیلتے تھے، مصیبتیں بھی اٹھاتے تھے لیکن یہی لوگ اپنے کاروبارِ سیاست کو جاری رکھنے کے لیے معمولی سے معمولی امداد کے لیے اپنے اصولوں میں ترمیم کر لیتے تھے۔ بعض سیاسی کارکنوں کو تو صرف چائے کی ایک پیالی یا کسی صاحبِ ثروت لیڈر کی مسکراہٹ پر بھی بکتے دیکھا گیا ہے۔ آخر کوئی تو وجہ تھی کہ میاں افتخار الدین کانگرس میں شامل ہوتے ہی پنجاب کانگرس کے صدر بن گئے۔ اس بات کا فیصلہ بھی کہ کون سیاسی کارکن ایماندار ہے، اور کون غیر ایماندار، کون اچھا ہے اور کون بُرا، کمیونسٹ کسی اخلاقی اصول کی بنا پر نہیں کرتے تھے اور نہ طبقاتی تضاد کی کسوٹی ہی کو ہر وقت استعمال میں لایا جاتا تھا۔ انھوں نے اپنے ہر صاحبِ حیثیت مخالف کو بورژوا اور جاگیردار قرار دیا لیکن میاں افتخار الدین پر، جو کافی بڑے جاگیردار تھے، اس قسم کا کوئی الزام نہیں لگایا۔ سر سکندر حیات خاں جاگیردار ضرور ٹھہرے لیکن ان کے حقیقی بھتیجے جو کمیونسٹوں کے ہمنوا تھے، پرولتاری صفوں میں محترم ہی بنے رہے۔ جیسا کہ اوپر لکھا جا چکا ہے طہٰ اور رایم۔ اے۔ خان کی تائید اور حمایت حاصل کرنے کی بھی انھوں نے سرگرم کوشش کی تھی اگر یہ دونوں رضامند ہو جاتے تو ان کی کوئی خامی خامی نہ رہتی۔ لینینی طریقِ کار کے یہ عین مطابق تھا۔ آخر اس نے بھی تو دوما میں بولشویک گروپ کا لیڈر ایک ایسے شخص کو بنایا تھا جو زار کی خفیہ پولیس کا ایجنٹ تھا۔

ٹریڈ یونین محاذ پر کمیونسٹوں کی ناکامی کا اصل باعث یہ تھا کہ ان کے عقیدہ میں ٹریڈ یونین ازم کی ایک طرح سے گنجائش ہی نہیں۔ ٹریڈ یونین کے ذریعہ مزدور عام طور پر اپنی حالت میں تھوڑی بہت فوری اصلاح کے طالب ہوتے ہیں۔ لیکن کمیونسٹوں کے عقیدے کے مطابق ٹریڈ یونینوں کی حیثیت اس سے زیادہ نہیں کہ وہ کمیونسٹ پارٹی کے لیے بھرتی کے دفتر کا کام دیں۔ کمیونسٹ چھوٹی موٹی ٹریڈ یونین بناتے اور ہڑتال کرا کے اسے فوراً ہی طبقاتی جنگ میں جھونک دیتے۔ ہڑتال ناکام رہتی اور جو کارکن اس میں آگے آگے ہوتے تھے ان کے لیے مالکوں کے عتاب کا نشانہ بن کر صرف یہی باقی رہ جاتا تھا کہ وہ کمیونسٹ پارٹی کے کل وقتی کارکن بن جائیں۔ کمیونسٹ غالباً دل سے بھی یہی چاہتے

تھے۔ مزدوروں کی حالت اگر موجودہ نظام ہی میں سدھر جائے تو ان کے اس عقیدے پر زد پڑتی ہے کہ سرمایہ دارانہ نظام میں غریبوں کا غریب تر بنتے جانا ایک اٹل قانون ہے۔ کمیونسٹ خود البتہ غریب سے غریب تر بننے کی بجائے امیر سے امیر تر بننے کی راہ پر ہی گامزن تھے، ان کے رہن سہن کو دیکھ کر تو یہی اندازہ ہوتا تھا۔

جہاں تک میرا اپنا تعلق ہے، انڈین فیڈریشن آف لیبر کی شاخ پنجاب کی ورکنگ کمیٹی کا رکن بن جانے کے باوجود مزدور تحریک میں کوئی عملی حصہ میں نے نہیں لیا۔ کچھ دفتری کام ضرور کیا اور کچھ ٹریڈ یونین لیڈروں کو جو زیادہ پڑھے لکھے نہیں تھے تقریریں بھی لکھ کر دیں۔ بھاگ دوڑ کا کام میرے بس کا تھا ہی نہیں اور اپنی محدودیتوں کا مجھے پورا علم تھا۔

کمیونسٹ لاجپت رائے بھون میں ہمارے خلاف اودھم مچا رہے تھے تو ان کے سان گمان میں بھی نہیں تھا کہ تاریخ جس کے متعلق ان کا دعویٰ تھا کہ اس کے عوامل کو وہی اور صرف وہی سمجھ سکتے ہیں، ان کے ساتھ ایک ستم ظریفانہ مذاق کرے گی، وہ ہمارے شریکِ رسوائی بننے والے ہیں اور وہ تمام دشنام طرازیاں جو انھوں نے ہمارے خلاف کیں تھیں، ان کا ہدف عنقریب وہ خود بھی ہوں گے۔

سوویٹ رویے کے پیشِ نظر کمیونسٹوں کا جنگی سرگرمیوں کی مخالفت کرنا اگر قابلِ جواز نہیں تو قابلِ فہم ضرور تھا اور نازی سوویٹ پیکٹ کے بعد تو یہ اور بھی قابلِ فہم تھا۔ اطاعت شعار اطاعت شعاری کے سوا کر بھی کیا سکتے ہیں؟ لیکن کمیونسٹوں نے جب ہمارے خلاف غوغا آرائی کی تو صرف یہی نہیں کہ نازی سوویٹ پیکٹ ختم ہو چکا تھا بلکہ نازی فوجیں سوویٹ یونین پر حملہ کر کے اس کے بہت سے علاقے پر قبضہ کر چکی تھیں۔ ہندوستانی کمیونسٹ اپنے رویے میں تبدیلی صرف اسی صورت میں کر سکتے تھے جب ان کو ماسکو سے براہِ راست ہدایت حاصل ہو جائے اور یہ ہدایت ملنے میں ابھی کچھ دیر تھی۔

عجیب بات یہ ہوئی کہ ماسکو سے نئی ہدایت کی آمد اور کمیونسٹوں کے رویے میں متوقع تبدیلی کی اطلاع پہلے مقامی کمیونسٹوں کو نہیں بلکہ مجھے ملی۔ پٹنہ میں اسٹوڈنٹس فیڈریشن کا

اجلاس ہونے والا تھا اور مجھے پتہ چل گیا تھا کہ وہاں جو ریزولیوشن پاس ہوگا نہ جنگ کے متعلق رویّے میں تبدیلی کا غمّاز ہوگا۔ کیمونسٹ پارٹی ان دنوں چونکہ خلافِ قانون تھی اس لیے وہ محاذی اداروں کے ذریعہ ہی کام کر سکتی تھی۔ اختلافِ عقائد کے باوجود کچھ کمیونسٹوں سے میرے ذاتی مراسم باقی تھے۔ پارٹی کے رویّے میں متوقع تبدیلی کی خبر میں نے انھیں منتقانہ انداز میں سنائی تو بے ساختہ پکار اُٹھے: اگر ایسا ہوا تو ہم پارٹی چھوڑ دیں گے۔ میں نے کہا اب ایک اور پیشگوئی بھی سُن لیجیے۔ پارٹی کی پالیسی تبدیل ہوگی اور تم میں سے کوئی بھی پارٹی نہیں چھوڑے گا۔ چنانچہ یہی ہوا۔ پالیسی بدلی لیکن وہ سب بدستور پارٹی کے اطاعت شعار بنے رہے۔

کیمونسٹوں کے رویّے میں تبدیلی کے باوجود ہمارے اور اُن کے مراسم بدستور کشیدہ رہے بلکہ کچھ اور بھی کشیدہ ہوگئے۔ ہمارے دل میں ان کے لیے حقارت بڑھ گئی اور ان کے دل میں ہمارے لیے عناد۔ یہ عناد کتنا شدید تھا اس کا تجربہ مجھے ایک بڑے ہی دلچسپ طریقے سے ہوا۔ میں لدھیانہ گیا ہوا تھا اور ساحر کا مہمان تھا۔ وہاں کی کندن ٹیکسٹائل فیکٹری کے مالکوں کا ایک لڑکا شعروادب میں دلچسپی رکھتا تھا۔ اس نے مجھے اور ساحر کو لنچ پر مدعو کیا۔ لنچ پُرتکلف تھا اور میزبان بڑے ہی احترام سے پیش آ رہا تھا لیکن گفتگو کا رُخ یکایک شعروادب کی بجائے سیاست کی طرف مڑ گیا۔ اسے پتہ چلا کہ میں ریڈیکل ڈیموکریٹک پارٹی سے وابستہ ہوں تو فوراً ہی اندر کمرے میں گیا اور کمیونسٹ پارٹی کے آئین کا کتابچہ اُٹھا لایا اور میری توجہ آئین کی اس دفعہ کی طرف دلائی جس میں پارٹی کے ممبروں کو ہدایت کی گئی تھی کہ وہ فاشسٹوں کے ساتھ سماجی مراسم بھی نہ رکھیں۔ جن فاشسٹ گروپوں کا نام آئین میں صراحتاً درج تھا ان میں ریڈیکل ڈیموکریٹک پارٹی بھی شامل تھی۔ میں ایک لفظ کہے بغیر اٹھ کھڑا ہوا اور لنچ بیچ ہی میں رہ گیا۔

کیمونسٹوں کی ذہنی افتاد اور ان کے طور طریقوں کے بارے میں ساحر کی دوستی کے طفیل مجھے کئی بار اہم اور دلچسپ باتیں معلوم ہوئیں۔ میکلوڈ روڈ کی وہ کوٹھی جس میں پابندی اُٹھ جانے کے بعد پنجاب کمیونسٹ پارٹی کا دفتر قائم ہوا، پہلے کچھ طالب علموں نے مل کر لے

رکھی تھی۔ ان میں ساحر بھی شامل تھے۔ میرا خیال ہے کہ ساحر کو چھوڑ کر جو اپنے حصّے کے اخراجات خود ادا کرتے تھے، باقی طالب علم کمیونسٹوں کے خرچ پر ہی پل رہے تھے۔ بہر حال واقعہ یہ ہے کہ یہ کمیونسٹوں کا اچھا خاصہ اڈہ تھا۔ ساحر کی وجہ سے میرا وہاں کافی آنا جانا تھا اور کئی بار تو رات بھی وہیں بسر ہو جاتی تھی۔ ساحر کو اپنے دوستوں کے طور طریقے پسند نہیں تھے۔ اور اُن کی حرکتیں وہ مزے لے لے کر مجھے سنایا کرتے۔ ایک بار انھوں نے مجھ سے ایک کتاب کا ذکر کیا جو اس عمارت کے کیمپ ایک کامریڈ کے پاس تھی اور جس میں یہ بتایا گیا تھا کہ کمیونسٹ بننے کی دعوت کس کس قسم کے لوگوں کو کس کس طرح دینی چاہیے۔ مجھے اس کتاب کو دیکھنے کا اشتیاق پیدا ہوا اور میں ساحر کا ہمیشہ ممنون رہوں گا کہ یہ انھوں نے مجھے حاصل کر دی۔

میں نے کمیونسٹوں کے حق میں اور ان کے خلاف بہت کچھ پڑھا ہے لیکن اس سے زیادہ انکشاف انگیز کتاب میری نظر سے کبھی نہیں گزری۔ کتاب میں نظریاتی مباحث مطلق نہیں تھے۔ صرف یہ بتایا گیا تھا کہ مختلف قسم کے لوگوں کی کمزوریوں اور ان کے احساسِ شکست خوردگی سے کس طرح فائدہ اٹھایا جائے۔ یہ طریقِ کار وہی تھا جو جرائم پیشہ ٹولیاں ممبر بھرتی کرنے کے لیے اختیار کرتی ہیں۔

پنجاب کمیونسٹ پارٹی کے جنرل سکریٹری اقبال سنگھ سے بھی میری ملاقات ساحر ہی کی وجہ سے ہوئی۔ میں اور ساحر ایک ریستوران میں بیٹھے تھے کہ وہ بھی وہیں آ گئے۔ ساحر نے میرا تعارف کرایا اور جیسی کہ اس کی عادت تھی، میری شاعری کی مبالغہ آمیز تعریف کی۔ اقبال سنگھ نے مجھے ہفت روزہ "قومی جنگ" میں لکھنے کی دعوت دی تو میں نے معذرت کی اور دبے لفظوں میں یہ بھی بتا دیا کہ میں سیاسی طور پر کمیونسٹ پارٹی سے متفق نہیں ہوں۔ اس پر انھوں نے مجھے تبادلۂ خیال کی دعوت دی اور ساتھ ہی یہ بھی کہا کہ ملاقات تفصیل سے ہونی چاہیے اور یہ کہ کیا میں کمیونسٹ پارٹی کے دفتر میں آ سکتا ہوں! اقبال سنگھ کا شہرہ ان دنوں یہ تھا کہ ہندوستان میں ایسے صرف آٹھ آدمی ہیں جو کمیونسٹ نظریے کو ماہرانہ طور پر سمجھتے ہیں اور اقبال سنگھ ان میں سے ایک ہیں۔ بہر حال یہ ممکن نہیں تھا کہ کوئی کشتی مانگے اور میں فرار ہو جاؤں۔ میں نے دوسرے دن کمیونسٹ پارٹی کے دفتر میں پہنچنے کا وعدہ

کرلیا۔

جیسا کہ اوپر لکھ چکا ہوں، میکلوڈ روڈ پر جس عمارت میں کمیونسٹ پارٹی کا دفتر تھا، اس سے میں بخوبی واقف تھا۔ لیکن اس دن میں اور ساحرؔ وہاں پہنچے تو نقشہ ہی کچھ اور تھا۔ دروازے پر ایک دیو ہیکل کامریڈ دربان بنا کھڑا تھا۔ اسے یہ مشکل ہی سے یقین آیا کہ مجھ ایسا ہیچ میرز کمیونسٹ پارٹی کے بلند مرتبہ سکریٹری سے دوستانہ ملاقات کے لیے آسکتا ہے۔ وہ وہیں کھڑا رہا اور ایک اور کامریڈ کو تصدیق کے لیے اندر بھیجا۔ اندر سے جواب ہاں میں آیا تو میری خوش بختی پر رشک کرتا ہوا وہ مجھے اقبال سنگھ کے کمرے تک پہنچا آیا۔ کمرے کے اندر کا ماحول بھی پُرشکوہ تھا۔ اقبال سنگھ کے سوا وہاں لڑکیاں ہی لڑکیاں تھیں۔ اقبال سنگھ بڑی تمکنت سے گوپیوں میں کاہن بنے بیٹھے تھے۔ ان کے چہرے پر واقعی جلال تھا اور وہ اس اقبال سنگھ سے کافی مختلف نظر آتے تھے جس سے گزشتہ روز ریستوران میں میری ملاقات ہوئی تھی۔ اِدھر اُدھر کی باتوں کے بعد انھوں نے مجھ سے اپنے اختلاف بیان کرنے کو کہا تو میں نے ابتدا یہاں سے کی کہ مارکس نے تاریخی عوامل کے متعلق جو پیشگوئیاں کی تھیں وہ پوری نہیں ہوئیں۔ اس صورت میں یہ کیسے یقین کیا جا سکتا ہے کہ اسٹالن کے فیصلے صحیح ہوں گے؟ پھر میں نے سوویت خارجہ پالیسی پر کچھ کہنا شروع کیا۔ معاً اقبال سنگھ بولے: مِتّل صاحب! میرا خیال تھا کہ آپ کو اختلاف ہمارے ساتھ ہے لیکن آپ کا اختلاف تو بین الاقوامی کمیونسٹ تحریک کے ساتھ ہے۔ اس صورت میں آپ سے کوئی بات نہیں ہو سکتی۔ میں مصافحہ کر کے وہاں سے اٹھ آیا لیکن اٹھتے اٹھتے اتنا ضرور کہہ آیا کہ میں ہندوستانی کمیونسٹ پارٹی کے وجود کو تسلیم ہی نہیں کرتا تو اس سے اختلاف کیا رکھوں؟ یہ ساحرؔ کی عالی ظرفی تھی کہ باہر آکر وہ مجھ سے خفا نہیں ہوئے بلکہ اقبال سنگھ کا مذاق ہی اڑاتے رہے۔

ساحرؔ روگ پالنے والے آدمی نہیں اور کمیونسٹ پارٹی سے ان کی وابستگی بھی تفریحی سطح پر ہی تھی۔ نظریاتی بحث میں میرے ساتھ وہ کبھی نہیں الجھے۔ اگر میرے سامنے کسی کمیونسٹ کو زچ ہوتے دیکھتے تو ایک خبیثانہ سی مسرت بھی محسوس کرتے۔ بعد میں یہ ضرور کہتے: مِتّل صاحب! آپ ٹھیک کہتے ہیں لیکن کوئی تمھارے اور تمھاری پارٹی کے

ساتھ کیوں آئے؟ تمھارے پاس ہے ہی کیا؟ کمیونسٹ جس ادیب کا ہاتھ پکڑتے ہیں اسے شہرت کی چوٹی پر پہنچا دیتے ہیں۔ یہ ان کی نوازش تھی کہ مجھ سے ان کی دوستی بہر حال قائم رہی۔ انھوں نے میرے خلاف دشنام طرازی میں شرکت نہیں کی اور نجی طور پر اپنے کامریڈوں کے پاس میری تعریف ہی کرتے رہے۔ یہ وہ ضرور چاہتے تھے کہ میں راہِ راست پر آجاؤں۔ کہا کرتے تھے: کمیونسٹ کہتے ہیں ایک بار اپنے دوست سے ہاں کہلوا دو پھر دیکھو ہم اسے کس بلندی پر لے جاتے ہیں۔ لیکن نہ میں نے ہاں کہی اور نہ کمیونسٹوں نے مجھے بلندی پر پہنچانے کا جتن کیا۔

عجیب بات یہ ہے کہ جو لوگ مجھے سابق کمیونسٹ سمجھتے ہیں، ان کے ذہن میں یہی دو رہو نہا ہے۔ وہ ریڈیکل ڈیموکریٹک پارٹی سے میری وابستگی کو کمیونسٹ پارٹی سے وابستگی سمجھ لیتے ہیں حالانکہ واقعہ یہ ہے کہ جتنا اختلاف ریڈیکل ڈیموکریٹک پارٹی اور کمیونسٹ پارٹی میں تھا، اس سے زیادہ کا قیاس دو سیاسی پارٹیوں میں کیا ہی نہیں جا سکتا۔ حیرت مجھے یوں نہیں ہوتی کہ ادبی حلقوں میں اُن دنوں بھی اس سلسلے میں تھوڑی بہت غلط فہمی موجود تھی۔ ساحر کہتے تھے کہ ایک مرتبہ پنجاب میں انجمن ترقی پسند مصنفین کو فعّال بنانے کا مسئلہ زیرِ غور تھا تو کچھ لوگوں نے ایک بڑے کمیونسٹ لیڈر کو مشورہ دیا کہ یہ کام گوپال متّل کر سکتا ہے۔ اس پر اس لیڈر نے کہا: اس کی صلاحیتوں سے انکار نہیں لیکن وہ دشمن کے کیمپ میں ہے۔

نارتھ ویسٹرن ریلوے مینز فیڈریشن کے لیڈروں میں ایک صاحب خواجہ محمد حسین تھے جن لیڈروں کو اسّی فیصدی کمیشن پر یونین کا چندہ وصول کرنے کا ٹھیکہ ملا ہوا تھا ان میں یہ بھی شامل تھے۔ انڈین فیڈریشن آف لیبر قائم ہوئی تو انھیں ایک اخبار نکالنے کی سوجھی۔ اخبار کا نام "مزدور کی آواز" تھا اور یہ انڈین فیڈریشن آف لیبر اور ریڈیکل ڈیموکریٹک پارٹی دونوں ہی کی پالیسی کا حامی تھا۔ اخبار کی پیشانی پر ایڈیٹر کی حیثیت سے انھی کا نام چھپتا تھا لیکن اس میں کیا چھپتا ہے اور کیا نہیں اس سے انھوں نے کبھی غرض نہیں

رکھی۔ جملہ ادارتی فرائض میرے ہی سپرد تھے۔ وہ مجھے اس کا معاوضہ دیتے تھے اس لیے اصولاً وہ آجر تھے اور میں ان کا ملازم۔ لیکن انھوں نے میرے ساتھ آجروں کی طرح سلوک کبھی نہیں کیا۔ اتنے انکسار اور مروّت سے پیش آتے کہ دیکھنے والے کو یہ گمان گزرے جیسے میں اُن کا نہیں بلکہ وہ میرے ملازم ہیں۔ کئی بار انھوں نے یہ بھی کہا کہ میں اخبار پر اپنا نام بھی دے دیا کروں لیکن میں اسے ٹالتا ہی رہا۔ اس پہلو تہی میں دراصل دخل اس بات کو تھا کہ ان کے ساتھ اپنا نام دینا مجھے منظور نہیں تھا اور ان سے یہ کہنا کہ وہ اپنا نام ہٹا لیں بہت بڑی زیادتی ہوتی۔ ویسے ان کا نام اخبار کے لیے مفید بھی تھا۔ یونین کے چندوں کی وصولی کے سلسلے میں وہ دُور دُور تک دورے کرتے تھے اور ان دوروں سے اخبار کی توسیع اشاعت میں مدد ملتی تھی۔

جیسا کہ اوپر لکھا جا چکا ہے، ان دنوں باقی سب کی طرح اخبار نویسوں کی قیمت بھی چڑھ گئی تھی۔ مجھے کسی بھی اخبار میں معقول تنخواہ پر ملازمت مل سکتی تھی لیکن اس اخبار کی کشش ایسی تھی کہ جب تک وہ بند نہیں ہوا میں نے اسے نہیں چھوڑا۔ اس کی وجہ یہ تھی کہ اس میں مجھے اظہارِ ذات کا موقع ملتا تھا۔ جنگ کی حمایت کی وجہ سے ہم لوگ شہر میں نکّو بن کر رہ گئے تھے۔ کوئی اخبار یا جریدہ ایسا نہیں تھا جس میں میں اپنا کوئی ایسا مضمون چھپوا سکتا جس میں میرے ہی خیالات کا اظہار ہوا ہو۔ یہاں قدرت نے ایک ایسا اخبار مہیا کر دیا تھا جو کلیتاً اپنے ہی خیالات کے لیے وقف تھا۔ یہ واقعہ ہے کہ جتنی لگن، تندہی اور سرشاری سے میں نے اس اخبار میں کام کیا اتنا ان میں سے کسی اخبار کے لیے نہیں کیا جن میں مجھے اپنی محنت کا خاطر خواہ صلہ ملتا تھا۔ مضامین بیشتر میں ہی لکھتا تھا لیکن مواد کی کمی تو کجا کئی بار اخبار کے صفحات تنگ دامانی کا شکوہ کرنے لگتے تھے۔ اوریجنل مضامین کے علاوہ اخبار میں ریڈیکل ڈیموکریٹک پارٹی کے ترجمان روزنامہ "انڈیپنڈنٹ انڈیا" میں شائع شدہ مضامین بالخصوص مرحوم ایم۔ این۔ رائے کے مضامین کا ترجمہ بھی ہوتا تھا۔ ترجمہ شروع شروع میں میں خود کرتا رہا لیکن بعد میں اس معاملے میں ساحر لدھیانوی بھی میرا ہاتھ بٹانے

لگے جس سے مجھے کافی سہولت ملی۔ کبھی کبھی ساحر اس کے لیے فکاہی کالم بھی لکھ دیا کرتے تھے۔ ایک بار اس کالم میں انھوں نے اپنے ہموطن اور مدّعیِ مہدویت ایم۔ حسن لطیفی کا مذاق اڑایا۔ لطیفی صاحب ایک تو نیم نبی اور ایک ان کی صحت خراب، بے چارے بڑے ہی جز بز اور برہم ہوئے۔ ساحر سے لدھیانے میں ملے تو اس نے بلاتکلف میرا نام لے دیا۔

ایران پر اتحادیوں نے حملہ کیا تو ایم حسن لطیفی تن تنہا ہی احتجاج کے لیے اٹھ کھڑے ہوئے تھے اور اس کی پاداش میں جیل گئے تھے۔ انھیں گمان گزرا کہ مسلمان اگر ایران پر حملے میں شرکت کی پاداش میں انگریزوں کا کچھ نہیں بگاڑ سکے تو اس کا یہ مطلب ہرگز نہیں کہ وہ ان کے شاتم گوپال متّل کا بھی کچھ نہ بگاڑ سکیں۔ چنانچہ انھوں نے میرے خلاف ایک جلسہ کر ڈالا جس میں اپنے مجاہدانہ کارنامے کی یاد دلا کر لدھیانے کے مسلمانوں کو اس ناچیز کے خلاف کوئی مؤثر کارروائی کرنے کا مشورہ دیا۔

کرنا خدا کا یہ ہوا کہ جب ان کی تقریر جاری تھی تو جلسہ گاہ سے کچھ ہی فاصلے پر کسی نے ہیر گانا شروع کر دی اور سارے جلسہ تقریباً باجماعت ہیر سننے چل کھڑے ہوئے۔ اس میں کچھ دخل میرے مقامی مسلمان دوستوں کو بھی تھا جو اس مدّعی مہدویت کو اس کی اوقات کا احساس دلانا چاہتے تھے۔ ساحر نے بعد میں مجھے بتایا کہ اس جلسے کا اہتمام کرنے کے لیے لطیفی صاحب نے کافی ایثار سے کام لیا تھا۔ گیس کی روشنی کے لیے رقم انھوں نے اس طرح فراہم کی کہ اپنے مکان کی بیرونی دیوار کا کچھ حصّہ گرا کر اس کی اینٹیں فروخت کر دیں۔

"مزدور کی آواز" کو انڈین فیڈریشن آف لیبر اور ریڈیکل ڈیموکریٹک پارٹی کی سرگرم حمایت حاصل تھی۔ دو ہزار کے قریب کاپیاں فیڈریشن کا صدر دفتر خرید لیتا تھا جو فیڈریشن کی مختلف شاخوں کو بھیجنا ہوتی تھیں۔ خواجہ محمد حسین اپنے دوروں میں جو خریدار بناتے تھے، انھیں بھی پرچہ پنجاب کے کوٹہ ہی میں سے بھیج دیا جاتا تھا اس طرح مجموعی اشاعت دو ہزار ہی رہتی تھی۔ لیکن کاغذ کا کوٹہ چار ہزار کاپیوں کے لیے ملا

ہوا تھا۔ باقی ماندہ کاغذ خواجہ محمد حسین بلیک میں فروخت کر دیتے تھے۔

ان دنوں چور بازاری کے خلاف جہاد ہمارا محبوب مشغلہ تھا اور اس جہاد کے سلسلے میں ہم اپنے عزیز و اقارب کو بھی نہیں بخشتے تھے۔ میرے کئی عزیز کاروباری لوگ تھے۔ میں انھیں بھی جلی کٹی سنانے سے باز نہیں رہتا تھا۔ لیکن خواجہ محمد حسین کی اس حرکت کے خلاف کہ وہ کوٹے کا نصف کاغذ بلیک میں فروخت کر دیتے تھے میں نے کبھی احتجاج نہیں کیا۔ بیشتر یساریوں کی طرح ان دنوں اس مغالطے میں میں بھی مبتلا تھا کہ ایک اچھے مقصد کے حصول کے لیے غلط ذرائع بھی استعمال کیے جا سکتے ہیں۔ بلکہ سچ پوچھیے تو سرشاری کا یہ عالم تھا کہ اس طرح کی کوتاہیوں کی طرف ذہن جاتا ہی نہیں تھا۔ اتنی بات اپنے حق میں ضرور کہہ سکتا ہوں کہ اپنے اس علم کا کہ خواجہ محمد حسین کوٹے کا کاغذ بلیک میں بیچ دیتے ہیں، میں نے فائدہ اٹھانے کی کبھی کوشش نہیں کی۔ نہ کبھی اس میں حصّے کا مطالبہ کیا اور نہ کبھی یہ کہا کہ میری تنخواہ بڑھا دی جائے۔ دراصل میں اپنے زعم باطل میں انھیں اپنے آجر کی بجائے اپنا آلۂ کار سمجھتا تھا اور اضافۂ تنخواہ کے جھمیلوں میں پڑ کر اپنے اس احساسِ برتری کو کم کرنا نہیں چاہتا تھا۔

ریڈیکل ڈیموکریٹک پارٹی کے نظریات سے اتنی ذہنی اور جذباتی وابستگی کے باوجود میں جماعتی طور پر اس کی سرگرمیوں میں فعّال کبھی نہیں ہوا۔ اس کی ایک وجہ تو میری لاعلاج حد تک انفرادیت کیشی تھی جو میرے شاعرانہ مزاج کا حصّہ تھی۔ لیکن کچھ اور باتیں بھی تھیں جنھوں نے جماعتی طور پر مجھے الگ ہی رکھا۔ ریڈیکل پارٹی میں مقتدرانہ حیثیت بیشتر ایسے لوگوں کو حاصل تھی جو اس پارٹی میں شامل ہونے سے پہلے کمیونسٹ تھے، انھوں نے نظریاتی سطح پر کلّیت کیشی کو اگرچہ خیرباد کہہ دیا تھا اور جمہوریت کو اپنا جزوِ ایمان بنا لیا تھا لیکن تنظیمی معاملات میں ان کا رویّہ بدستور کلّیت کیشانہ اور سازشانہ تھا۔ مثلاً پنجاب کی شاخ کے اراکین میں پانچ رکن ایسے تھے جو قائدانہ حیثیت حاصل کرنے کے آرزومند تھے۔ ان سب نے مرکزی تنظیم کے سکریٹری کو الگ الگ خطوں میں اپنی تعریف اور اپنے مدمقابلوں کی مذمت لکھی۔ جنرل سکریٹری نے ان پانچوں کو ان کے خطوں کا جواب دیا اور ان پانچوں خطوں کا مضمون ایک ہی تھا یعنی یہ کہ مکتوب‌،

نگار واحد شخص ہے جو قائدانہ اوصاف کا حامل ہے اور اس کے باقی رقیب خالصتہً کودن ہیں۔ جنرل سکریٹری صاحب کے ساتھ زیادتی یہ ہوئی کہ ان کی بات پر بھروسہ کرتے ہوئے اپنی برتری جتانے کے لیے ایک مکتوب الیہ نے ان کا خط اپنے دوسرے ساتھیوں کو دکھایا جس پر انھوں نے بھی اپنے خط اس کے سامنے رکھ دیے۔

ریڈیکل ڈیموکریٹک پارٹی ایک فعّال پارٹی کی حیثیت پنجاب میں کبھی اختیار کر نہ سکی۔ البتہ اسے کچھ سرگرم اور جوشیلے افراد کی تائید ضرور حاصل تھی۔ تنظیمی معاملات میں جتنی زیادہ ناکامی ہوتی اتنا ہی ان کے جوشِ جنوں میں اضافہ ہوتا اور اپنا سارا غصّہ وہ ایک دوسرے پر اتارتے۔ ہر شخص یہی سمجھتا کہ پارٹی کی ناکامی میں اس کا نہیں بلکہ دوسروں کا ہاتھ ہے۔ اگر کوئی صحیح کام کرتا تو بھی تنقید کا ہدف ضرور بنتا۔ انڈین فیڈریشن آف لیبر اور ریڈیکل ڈیموکریٹک پارٹی نے ہندوستان کے لیے ایک آئین کا مسوّدہ تیار کیا تھا۔ مقامی شاخ چاہتی تھی کہ اس کا اُردو ترجمہ شائع ہو جائے لیکن وسائل سے محروم تھی۔ میں نے خواجہ محمد حسین کو اس پر آمادہ کیا کہ وہ اس کا ترجمہ اپنے خرچ پر شائع کر دیں۔ وہ رضامند ہو گئے اور بہ اصرار ترجمے کا مجھے معاوضہ بھی دیا۔ ترجمہ شائع ہونا تھا کہ میں اپنے ساتھیوں کی تنقید کا ہدف بن گیا کہ میں نے پارٹی کے کام کو ایک کاروباری مسئلہ بنالیا ہے۔ میں یہ بھی چاہتا تھا کہ ایم۔ این۔ رائے کی کچھ تصانیف کا اُردو میں ترجمہ شائع کراؤں۔ ایک آدھ ترجمہ مکتبۂ اُردو کی طرف سے شائع ہوا بھی لیکن بالآخر اس معاملے میں بھی کامریڈ مزاحم ہوئے۔ مجھے ترجمے کا جو معاوضہ ملتا تھا، وہ انھیں ناگوار تھا۔ آخر میں اس قسم کی کوششوں سے دست کش ہو گیا اور ایک مفید کام جو ہو سکتا تھا نہیں ہوا۔ میرے ساتھیوں نے یہ سب کچھ اس وقت کیا جب پارٹی کا لٹریچر کچھ زیادہ مقبول نہیں تھا۔ اور اسے شائع کرنا اچھا خاصا ایثار تھا۔ لیکن جوش میں ہوش کی گنجائش کہاں ہوتی ہے۔

جوش کا ساتھیوں میں یہ عالم تھا کہ ایک کامریڈ کے متعلق مشہور تھا کہ اگر ریستوران میں وہ چائے مانگتا اور دوسرا کافی تو فوراً پکار اٹھتا: جب تم اتنی سی بات پر متفق نہیں ہو سکتے تو انقلاب خاک لاؤ گے؟ لیکن یہ لوگ بُرے نہیں تھے۔ بُرے لوگ اتنے بڑے

خسارے کا سودا کبھی نہیں کرتے جو انھوں نے کیا۔ انھوں نے اپنے مستقبل کو بھی معرضِ خطر میں ڈالا، اپنی جیب سے پیسہ بھی خرچ کیا اور بدنام بھی ہوئے اور یہ سب کچھ انھوں نے ایک ایسے دور میں کیا جب ہر احمق صرف کھدّر پہن کر دیش بھگت بن سکتا تھا۔

عرب ہوٹل کے بعد ادیبوں کا دوسرا اڈہ نگینہ بیکری تھی۔ نیلا گنبد لاہور میں چائے کی یہ مختصر سی دکان یو پی کے ایک قوم پرست مسلمان چلا رہے تھے۔ شروع شروع میں یہاں آنے والوں میں زیادہ تر قوم پرست مسلمان ہی تھے لیکن پھر مُسلم لیگی بھی آنے لگے اور اس طرح یہ دکان سیاسی مناظرہ بازی کا اڈہ بن گئی۔ ادیبوں کا اڈہ یہ اس وقت بنی جب چراغ حسن حسرت جو عرب ہوٹل کی مجلس کے میر تھے، سرکاری ملازمت میں چلے گئے۔ ان کے جاتے ہی مجلس بھی درہم برہم ہو گئی اور وہاں سے اکھڑ کر نگینہ بیکری میں آ جمی۔

باری علیگ جو پہلے عرب ہوٹل کے نواح میں رہتے تھے، اب پرانی انارکلی میں رہنے لگے تھے اور ان کا مکان نگینہ بیکری سے کچھ زیادہ دُور نہیں تھا۔ خود میں نے بھی انارکلی میں مکان لے لیا تھا۔ عرب ہوٹل یہاں سے کافی دور تھا اس لیے میں نے اور باری علیگ نے نگینہ بیکری میں ہی ڈیرے ڈال دیے۔ باری علیگ کی کشش مولانا صلاح الدین کو بھی کھینچ لائی، جن کے جریدے "ادبی دنیا" کا دفتر بھی قریب ہی مال روڈ پر تھا۔ مولانا صلاح الدین کے ہمراہ عاشق بٹالوی اور کچھ اور ادیب بھی آنے لگے۔ ڈاکٹر سیّد عبداللہ جو ان دنوں اورنٹیل کالج لاہور میں تھے، پہلے ہی وہاں بیٹھا کرتے تھے۔ اس طرح اچھی خاصی محفل جمنے لگی۔ جو ادیب وہاں باقاعدگی سے نہیں بیٹھتے تھے وہ بھی ہفتے میں ایک دو بار ضرور اُدھر آ نکلتے۔

ڈاکٹر سیّد عبداللہ ان دنوں داڑھی رکھتے تھے اور شیروانی پہنتے تھے۔ سیاست میں قوم پرستانہ اندازِ نظر رکھتے تھے اور ان کے متعلق یہ مشہور تھا کہ مجلسِ احرار کے بہت قریب ہیں۔ مسلمانوں کی اس روش پر وہ اکثر چوٹ کیا کرتے تھے کہ اپنی ساری کوتاہیوں کا الزام وہ ہندوؤں کے سر ہی ڈال دیتے ہیں۔ ان کا مخصوص نعرہ تھا "سب گوپی چند نے کیا ہے"[؎]

[؎] ڈاکٹر گوپی چند بھارگو جو پنجاب اسمبلی میں کانگریس پارٹی کے لیڈر تھے۔

مولانا صلاح الدین بحث میں حصّہ شاذ و نادر ہی لیتے تھے صرف زیرِ لب مسکرا دیتے تھے جیسے کوئی بزرگ نادان بچوں کی حرکتوں پر مسکرا دیتا ہے۔ عاشق حسین بٹالوی البتہ بحث میں سرگرم حصہ لیا کرتے تھے۔ کسی زمانے میں ملک برکت علی کے علاوہ صرف وہی مسلم لیگی تھے۔ سر سکندر حیات کے مخالفوں میں تھے۔ مسلم لیگ کو عروج حاصل ہوا اور سر سکندر اس کے لیڈر بنے تو انھوں نے مسلم لیگ میں ترقی پسند گروپ قائم کیا اور اس الزام کے ہدف بنے کہ ہندو کانگرس سے روپیہ لے کر وہ مسلم لیگ میں پھوٹ ڈال رہے ہیں۔ یہ پروپیگنڈہ کافی زور شور سے ہوا لیکن ان کے رہن سہن کو دیکھ کر یہ شبہ مشکل ہی سے ہو سکتا تھا کہ کہیں دستِ غیب موجود ہے۔ ان کا اپنا بیان یہ تھا کہ روپے کی پیش کش انھیں سر سکندر کی طرف سے ہوئی تھی جسے انھوں نے ٹھکرا دیا۔

عاشق حسین بٹالوی سیاست میں ہنگامہ آرا بھی ہوئے اور رسوا بھی ہوئے لیکن اس سے ان کی دلچسپیاں ضمنی قسم ہی کی تھیں، حقیقی دلچسپی انھیں ادب سے تھی۔ وہ افسانہ نگار بھی تھے اور ناقد بھی۔ کچھ مدّت تک "ادبی دنیا" کے ایڈیٹر بھی رہے۔ ایک زمانے میں انھوں نے اختر شیرانی کے ساتھ مل کر "رومان" بھی نکالا تھا لیکن کوئی کام باقاعدگی سے کرنے کے قائل نہیں تھے جس میں کچھ دخل اس بات کو بھی تھا کہ وہ روپے پیسے کے معاملے میں کافی بے نیاز تھے۔ ایک مرتبہ مولانا صلاح الدین نے ان کے لیے نصاب مرتب کرنے کا کام ڈھونڈ نکالا جس کے معاوضے میں انھیں کافی روپیہ مل سکتا تھا۔ اسے انھوں نے یہ کہہ کر رد کر دیا کہ مولانا کما کر کھانا میرے بس میں نہیں۔ شادی انھوں نے کی نہیں تھی اور اپنی ذات پر خرچ بھی کافی کفایت شعاری سے کرتے تھے۔ ایسا آدمی محنت مشقّت کے چکّر میں پڑے تو کیوں؟

باری علیگ ادب اور سیاست دونوں ہی سے نالاں تھے اور کلچر کے تحفظ کی بات پر تو خاص طور پر برہم ہو جاتے تھے۔ ایسے موقعوں پر ان کا مخصوص نعرہ ہوتا تھا "بھائی ہمارا کلچر لے لو، روٹی دے دو۔" یہ نکتہ ماننے والوں میں ایک عبداللہ بٹ تھے اور ایک کامریڈ عبداللہ ——— عبداللہ بٹ مادی طور پر خوشحال تھے اور ادب اور سیاست سے ان کی دلچسپی خون گرم رکھنے کا ایک بہانہ تھی۔ سیاست میں انھوں نے ہر کوچے کی سیر کی لیکن قیام

کہیں نہیں کیا، کامریڈ عبداللہ ایک خوش شکل نوجوان تھا۔ کمیونسٹ پارٹی سے وابستہ تھا اور پارٹی کے ایما پر ہی مسلم لیگ میں شامل ہوا تھا۔ احراریوں نے اسے دلبرِ ملت کا خطاب دے رکھا تھا۔

لاہور کا شاید ہی کوئی سیاسی گروپ ہوگا جس کا کوئی نہ کوئی نمائندہ نگینہ بیکری کی محفل میں موجود نہ ہوتا ہو۔ جماعت اسلامی کی نمائندگی ایک صاحب قریشی کرتے تھے۔ انھیں یہ بات کسی قدر ناگوار گزرتی تھی کہ میں ہندو ہونے کے باوجود مسلمانوں کی سیاسی بحث میں سرگرم حصہ لیتا ہوں۔ انھیں چڑانے کے لیے عاشق حسین بٹالوی کہا کرتے تھے بھئی یہ آنریری مسلمان ہے۔ اس سے کیوں جھگڑتے ہو؟

ایک بار بحث کا موضوع یہ تھا کہ حصولِ پاکستان کے بعد اس ملک کا سیاسی نظام کیا ہوگا اور یہ کہ ہندوؤں کو اس نظام میں کیا درجہ دیا جائے گا۔ مسلم لیگی جہاں جمہوری نظام کے حامی تھے جس میں ہندوؤں کو ووٹ کے مساوی حقوق حاصل ہوں، وہاں قریشی ہندوؤں کے تحفظ کی نسبتاً سرگرم تر حمایت کے باوجود انھیں ووٹ کا حق دینے کے لیے تیار نہیں تھے۔ اور انھیں ذمی بنا کر رکھنا چاہتے تھے۔ باری علیگ کو شرارت سوجھی اور قریشی کو میرے خلاف بھڑکانے کے لیے کہنے لگے۔ بھلا متّل کیا ذمی بنے گا۔ یہ تو اب بھی ہماری ہر بات میں دخل دیتا ہے۔ قریشی بے چارے اس قسم کے داؤ پیچ کو کیا سمجھیں، واقعی مجھ پر برس پڑے اور یہ فتویٰ صادر کر دیا کہ کم از کم اس ہندو کو پاکستان میں نہیں رہنے دیا جائے گا اور یہاں تک دھمکی دی کہ اس کا سر نیزے پر رکھ کر جلوس نکالا جائے گا۔ نگینہ بیکری کے قلندروں کے ظرف کا یہ عالم تھا کہ دھمکی بالکل ہی نظرانداز کر دی گئی۔ نہ میں نے توبہ استغفار کی اور نہ کسی اور کا سکون برہم ہوا۔ صرف باری علیگ اپنی خبیثانہ مسکراہٹ بکھیرتے رہے اور قریشی ——— ان کی شرافتِ نفس کا یہ عالم تھا کہ جب لاہور کا سکون واقعی برہم ہوا اور ہندو اکثریتی فرقے کے عتاب کا نشانہ بنے تو جو مسلمان دوست مدد کو میرے گھر سب سے پہلے پہنچا وہ قریشی ہی تھے۔

مولانا صلاح الدین سیاسی بحث میں اگرچہ شریک نہیں ہوتے تھے لیکن ادبی گفتگو

میں شریک ضرور ہوتے تھے۔ انھیں سب سے زیادہ تشویش اُردو کے مستقبل کے بارے میں تھی۔ شروع شروع میں ان کا خیال تھا کہ تقسیم ملک سے اُردو کو ناقابلِ تلافی نقصان پہنچے گا۔ لیکن پھر وہ محسوس کرنے لگے کہ تقسیم میں اُردو کی فلاح کے لیے ایک اشارۂ غیبی ہے۔ جب اہلِ زبان پنجاب پہنچیں گے تو پنجابیوں کو مفت کے استاد میسّر آ جائیں گے اور اُردو کو فروغ حاصل ہو گا۔ ملک تقسیم ہوا، لاہور جلنے لگا اور مسلمانوں کے لُٹے پٹے قافلے وہاں پہنچنے لگے لیکن مولانا کی گفتگو کا محور ایک ہی رہا: پنجاب میں اُردو کا کیا بنے گا؟

اس قسم کی باتیں سُن کر شروع شروع میں ان پر شقاوتِ قلبی کا گمان گزرتا تھا۔ ایک ایسے وقت میں جب سارا ملک مقتل بنا ہوا تھا کوئی شخص انسانی مصائب سے اتنا بے پروا ہو جائے کہ اسے اُردو کے مستقبل کے سوا اور کچھ سوجھے ہی نہیں۔ ستم بالائے ستم یہ کہ مولانا کے چہرے پر ہر وقت مسکراہٹ کھیلتی رہتی تھی اور غم یا غصّے کے کوئی آثار نظر نہیں آتے تھے۔

ہندوؤں کو لاہور سے بھاگتے دیکھ کر بھی انھوں نے صرف اسی قدر کہا: متّل صاحب یہ لوگ آخر کیوں بھاگ رہے ہیں؟ اس بار مجھے اور بھی عجیب سا لگا۔ لیکن اسی شام مجھے باری علیگ کی زبانی ایک ایسی بات معلوم ہوئی کہ میں حیرت میں ڈوب گیا۔

مولانا کا اپنا مکان لاہور کے ایک ہندو علاقے میں تھا اور جب ہندو اور مسلمان ایک دوسرے کے مکانوں کو آگ لگا رہے تھے تو ان کا مکان بھی جل کر راکھ ہو گیا تھا اور ان کی پیشانی پر کوئی شکن نہیں ابھری تھی۔

جب مولانا کے چہرے پر مسکراہٹ کھیل رہی ہوتی اور وہ ہندوؤں اور مسلمانوں کے مصائب، سے بے پروا صرف اُردو کے مستقبل کے بارے میں پریشانی کا اظہار کیا کرتے تو وہ صرف دوسروں کے مصائب ہی سے نہیں، اپنے مصائب سے بھی بے نیاز ہوتے تھے۔ انھوں نے اُردو کے غم کو اتنا اپنا لیا تھا کہ باقی تمام غموں سے بے نیاز ہو گئے تھے۔

ان کی برہمی دیکھنے کا اتفاق صرف ایک بار ہوا۔ فسادات کے زمانے میں میرے معمولات میں فرق نہیں آیا تھا۔ میں نیلا گنبد کی اسی دکان پر چائے پیتا رہا اور مسلمانوں

کے ریستورانوں میں کھانا بھی کھاتا رہا۔ شبانہ آوارہ گردی کا سلسلہ بھی جاری تھا۔ ایک رات تقریباً ایک بجے مال روڈ کے کسی ریستوران سے نکل کر گھر کی طرف آرہا تھا اور نشے میں دھت تھا۔ نیلا گنبد کے قریب پہنچا تو سامنے سے باری علیگ اور مولانا صلاح الدین آتے دکھائی دیے۔ قریب آیا تو مولانا نے مجھے آڑے ہاتھوں لیا اور جو کچھ بُرا بھلا کہہ سکتے تھے کہہ ڈالا: بس پٹائی ہی نہیں کی۔ اس کے بعد باری علیگ مجھے گھر تک چھوڑ گئے۔

دوسرے دن بھی ملاقات ہوئی تو مولانا برہم تھے اور جب تک میں نے یہ وعدہ نہیں کیا کہ اب رات کے وقت گھر سے باہر نہیں نکلا کروں گا ان کے چہرے پر مسکراہٹ واپس نہیں آئی۔

سہگل، ڈھلون اور شاہنواز لاہور پہنچے تو سارا لاہور ان کے استقبال کو اُمنڈ پڑا۔ زندہ دلانِ شہر نے اپنے سارے سیاسی اور مذہبی اختلاف فراموش کر دیے اور بیک آواز پکار اٹھے:

لال قلعے سے آئی آواز
سہگل، ڈھلون، شاہنواز

ہندوستان سے سبھاش چندر بوس کے فرار میں حکومت کے عتاب اور ان کے جذبۂ مہم جوئی کے علاوہ اس بات کو بھی دخل تھا کہ گاندھی جی نے انھیں سفر کی اس منزل تک پہنچا دیا تھا کہ کوئی غیر معمولی کارنامہ انجام دیے بغیر وہ اپنے وقار کو بحال نہیں کر سکتے تھے۔ جس شخص نے کانگرس کی پوری کمان کو للکارا تھا اس کی بے بسی یہاں تک پہنچی کہ اس نے مرن برت رکھا تو ہندوستان میں کسی کے کان پر جوں تک نہیں رینگی۔ عظمت و شہرت کی چوٹی پر پہنچنے کے بعد کس مپرسی کے کوچے میں بیٹھ جانا آسان نہیں ہوتا۔ سبھاش چندر بوس نے مناسب یہی سمجھا کہ عظمت کی جو بازی انھوں نے ہندوستان میں ہاری ہے اسے باہر جا کر جیتیں۔

قرائن سے یہ بات ثابت نہیں ہوتی کہ ہندوستان سے باہر وہ کسی پہلے سے

طے شدہ منصوبے کے تحت گئے تھے۔ جرمنوں اور جاپانیوں سے ان کی سانٹھ گانٹھ بعد میں ہوئی۔ ان کی پہلی کوشش یہ تھی کہ روسیوں تک رسائی حاصل کی جائے۔ بہرحال ابتدائی محرکات خواہ کچھ ہی ہوں، جب انھوں نے جاپان پہنچ کر آزاد ہند فوج منظم کر لی تو ان ہندوستانیوں کی نگاہ میں جنھیں انگریز دشمنی نے ہر نیک و بد سے بیگانہ کر دیا تھا، وہ ہیرو ضرور بن گئے۔

محوریوں کی شکست کے بعد اگر وہ زندہ رہتے تو ایک ممکنہ رقیب کی حیثیت سے کانگرس کی پروپیگنڈہ مشنری ان کے خلاف حرکت میں ضرور آتی لیکن جب محوری شکست کی منزل سے گزر رہے تھے ایک ہوائی حادثے میں ان کی موت ہو گئی اور مرحوم سبھاش چندربوس کانگرس کے حریف نہیں بلکہ بہترین حلیف تھے جن کے کارناموں کو اپنا کر کانگرس اپنے اقتدار کی عمارت کو مستحکم تر بنا سکتی تھی۔

آزاد ہند فوج کے بہت سے ارکان حکومتِ برطانیہ کے ملازم ہندوستانی فوجی افسر اور سپاہی تھے جو محوریوں کے ہاتھوں گرفتار ہونے کے بعد تحولِ کعبہ کر کے مجاہدِ وطن بن گئے تھے۔ محوریوں کی شکست کے بعد یہ پھر برطانوی حکومت کی تحویل میں آئے تو ان کے خلاف شہنشاہ کے خلاف بغاوت کے الزام میں مقدمات قائم کرنے کا فیصلہ کیا گیا اور ان مقدمات میں سب سے زیادہ شہرت اس مقدمے کی ہوئی جو سہگل، ڈھلون اور شاہنواز کے خلاف لال قلعے میں چلا۔ وکلائے صفائی میں پنڈت جواہر لال نہرو بھی شامل تھے۔

ان تینوں کو عمر قید کی سزا ہوئی لیکن یہ صرف ضابطے کی خانہ پُری تھی۔ کیونکہ کمانڈر انچیف نے اپنے خصوصی اختیارات سے سزا کو فوراً ہی منسوخ کر دیا۔ شہرت انھیں مقدمے کے دوران میں ہی مل چکی تھی۔ اس بالفعل بریت نے تو اسے نصف النہار تک پہنچا دیا۔ تینوں کے تینوں پنجابی اور پنجابی اپنی زندہ دلی کے لیے مشہور، ان کے استقبال میں اگر سارا لاہور پاگل ہو گیا تو اس میں حیرت کی کوئی بات نہیں۔

آزاد ہند فوج میں شامل ہونے والوں میں اُردو کے مشہور ناقد سر عبدالقادر کے فرزند احسان قادر بھی تھے جو ضابطے کی کارروائی کے مرحلوں سے گزر کر بہت پہلے لاہور آ چکے تھے اور کسی خاص ہنگامے کے بغیر۔ ان کے چھوٹے بھائی ریاض قادر سے تقریباً ہر

روز ملاقات رہتی تھی۔ ایک روز فرمانے لگے کہ اگر سہگل، ڈھلون اور شاہنواز صاحبان سے ملاقات کا ارادہ ہو تو احسان قادر کے توسط سے انتظام کیا جا سکتا ہے۔ میں نے کہا دوست! اتنی بھی جلدی کیا ہے، ان سب سے کچھ دن کے بعد ہمیں ملاقات ہوا کرے گی۔ بعد کے واقعات نے بتا دیا کہ میری بات اگر لفظاً نہیں تو معناً ضرور درست تھی۔ انھیں جو شہرت ملی تھی وہ ہوائی تھی اور ہوائی شہرتیں زیادہ دیر قائم نہیں رہتیں۔

اس نکتے کو سب سے پہلے سہگل نے سمجھا۔ وہ ایک متمول ہندو گھرانے کے چشم و چراغ تھے اور جانتے تھے کہ ہندوؤں میں دُرِ قیادت آسانی سے ہاتھ نہیں آتا۔ انھوں نے آزاد ہند فوج کی ایک خاتون سے جو رانی جھانسی کے لقب سے مشہور ہو گئیں تھیں، شادی کر لی اور کاروباری آدمی بن گئے۔ ڈھلون سکھ تھے اور سکھوں میں بھی قوم پرست لیڈروں کی کچھ کمی نہیں تھی۔ انھوں نے بحرِ سیاست میں غوّاصی تو کی لیکن قیادت کا موتی ہاتھ نہیں آیا۔ ایک شاہنواز کا ستارۂ قیادت چمکا اور صرف اس لیے کہ اوّل تو مسلمانوں میں قوم پرست لیڈر کچھ زیادہ تھے ہی نہیں اور جو تھے بھی، ان دنوں ان کی آنکھیں کھلتی جا رہی تھیں اور وہ یکے بعد دیگرے قوم پرست صفوں کو چھوڑ کر مسلم لیگ میں شامل ہو رہے تھے۔

سر عبدالقادر ریٹائر ہو کر لاہور میں فروکش تھے جیسا کہ پہلے لکھا جا چکا ہے، ان سے ملاقات کا شرف مجھے اپنی ادبی زندگی کے آغاز میں حفیظ جالندھری کے توسط سے حاصل ہوا تھا اور یاد پڑتا ہے کہ ادب کو پیشہ بنانے میں ان کے مشورے کو بھی دخل تھا۔ ریاض قادر سے مراسم بڑھے تو دل میں آئی کہ سر عبدالقادر سے پرانی ملاقات کی تجدید کی جائے۔ چنانچہ شام کو کبھی کبھی میں ان کی خدمت میں حاضر ہونے لگا۔ یہ ملاقاتیں میرے لیے بڑی ہی بصیرت افروز ثابت ہوئیں اور تاریخِ ادب کے ایسے کئی گوشے ظاہر ہوئے جو بصورت دیگر میری نگاہوں سے ہمیشہ مخفی رہتے۔

ایک ملاقات میں انھوں نے ڈاکٹر اقبال کی زندگی اور ان کی شاعری کے پس منظر پر روشنی ڈالی اور ایسے کئی نکات بیان فرمائے جو شارحینِ اقبال کی نگاہوں سے اس وقت بھی مخفی تھے اور اب بھی مخفی ہیں۔

اقوامِ متحدہ کے متعلق ان کا ایک فارسی قطعہ ہے جس کے آخری دو مصرعے ہیں :

من ازیں بیش ندانم کہ کفن دزداں چند
بہرِ تقسیم قبور انجمنے ساختہ اند

اس پر شارحینِ اقبال نے استدلال کی ایک عمارت کھڑی کر لی ہے۔ لیکن واقعہ یہ ہے کہ اس انجمن میں ہندوستانی نمائندہ نامزد ہونے کے لیے اقبال نے بڑی ہی کوشش کی تھی۔ قرعۂ فال ان کی بجائے سر عبدالقادر کے نام نکلا تو انھیں اس پر کفن چوروں کی انجمن کا گمان گزرنے لگا۔

ان کے اس شعر :

جو بے نماز کبھی پڑھتے ہیں نماز اقبال
بلا کے دیر سے مجھ کو امام کرتے ہیں

کے پیچھے بھی ایک حکایت ہے۔ یہ نماز لندن میں پڑھی گئی تھی۔ اقبال امامت کی آس لگائے بیٹھے تھے لیکن یہ آئی سر عبدالقادر کے حصے میں۔

اقبال کے دو ترانے بہت مشہور ہیں ایک وطنی اور ایک ملّی :

سارے جہاں سے اچھا ہندوستاں ہمارا
ہم بلبلیں ہیں اس کی یہ گلستاں ہمارا

اور

چین و عرب ہمارا ہندوستاں ہمارا
مسلم ہیں ہم، وطن ہے سارا جہاں ہمارا

ان دونوں ترانوں کی نظریاتی اہمیت پر بہت کچھ لکھا گیا ہے۔ لیکن سر عبدالقادر کا ارشاد تھا کہ یہ دونوں ہی ترانے فرمائشی تھے۔ پہلا ترانہ انھوں نے قوم پرستوں کی فرمائش پر لکھا تھا اور اس کا پہلا مصرعہ جرمن قومی ترانے کا لفظی ترجمہ ہے۔ صرف جرمنی کی جگہ ہندوستان کا لفظ رکھ دیا گیا ہے۔ اس ترانے کو شہرت ہوئی تو ملّت پرست دوستوں کی طرف سے ترانۂ ملّی کے تقاضے شروع ہوئے۔ اقبال نے انھیں بھی پورا کر دیا۔

۱۹۴۵ء کے اواخر میں عام انتخابات ہوئے تو یہ اظہر من الشمس تھا کہ پنجاب کی مُسلم سیٹوں پر مُسلم لیگ کو شکست دینا تو کجا کانگرس قابلِ ذکر حد تک اس کا مقابلہ بھی نہ کر سکے گی۔ انتخابات سے کچھ پہلے پنڈت جواہر لال نہرو نے ہندوستان کا دورہ کیا، تو پنجاب بھی آئے۔ اپنی پریس کانفرنس میں انھوں نے کہا کہ کانگرس زیادہ سے زیادہ سیٹوں پر مُسلم لیگ کے مقابلے میں اُمیدوار کھڑے کرے گی۔ ایک مُسلم اخبار کے نمائندے کے اس سوال پر، کہ جہاں پہلے کانگرس ہر سیٹ پر مقابلہ کرنے کی بات کرتی تھی وہاں اب صرف زیادہ سے زیادہ سیٹوں پر مقابلے کی بات کیوں کر رہی ہے اور یہ کہ کیا اس سے کانگرس کے موقف میں تبدیلی کا پتہ نہیں چلتا؟ پنڈت جی خاموش رہے۔ یہ سکوت بے سبب نہیں تھا۔ پنڈت جی جیسا زیرک سیاست داں بھلا اس سے بے خبر کیسے ہو سکتا تھا کہ یہ زیادہ سے زیادہ سیٹوں پر مقابلے کی بات بھی برائے سخن ہی تھی۔

مسلم لیگ کے مقابلے میں کانگرس کے احساسِ بے بسی سے فائدہ پنجاب کے احراریوں کو پہنچا۔ انھوں نے کانگرس کی درپردہ حمایت (اور جو سچ پوچھیے تو یہ حمایت کچھ ایسی درپردہ بھی نہیں تھی) سے حکومتِ الٰہیہ کا نعرہ بلند کیا۔ حکومتِ الٰہیہ کے حقیقی مفہوم کا علم تو احراریوں ہی کو ہو گا لیکن بظاہر اس نعرے کا مقصد یہ تھا کہ صرف پنجاب ہی نہیں بلکہ پورے ہندوستان میں ایک ایسی حکومت قائم کی جائے جو احکامِ شرعیہ کی خود بھی پابند ہو اور دوسروں سے بھی ان کی پابندی کرائے۔ ظاہر ہے کہ مسلمان اپنی تمام تر سادہ لوحی کے باوجود ایک ایسے مقصد کے لیے جس کا حصول صرف اس وقت کے حالات میں ہی نہیں بلکہ مستقبل قریب میں بھی مشکوک تھا، اپنے فوری سیاسی مقاصد کو خیر باد کہنے کے لیے تیار نہیں ہو سکتے تھے۔ لہٰذا اس نعرے سے احراری لیڈروں کی گرم بازاری تو ہوئی لیکن کوئی مثبت سیاسی نتیجہ نہیں نکلا۔

احراری اپنی انتخابی تقریروں میں زیادہ زور اس بات پر دیتے تھے کہ مُسلم لیگی لیڈر اور کارکن شعائرِ اسلامی سے بیگانہ ہیں۔ اس سلسلے میں علی گڑھ یونیورسٹی کے دو طلبا جو مُسلم لیگ کی مدد کرنے پنجاب پہنچے تھے، ان کے ہدفِ خصوصی تھے۔ ان طلبا کے بارے

میں انھوں نے طرح طرح کی باتیں مشہور کر رکھی تھیں، جن میں سے ایک یہ تھی کہ جلسوں میں جس کتاب پر ہاتھ رکھ کر وہ قسمیں کھاتے ہیں وہ قرآن پاک نہیں بلکہ ڈکشنری ہوتی ہے۔ عجیب بات یہ تھی کہ ان طلبا کی غیر اسلامی روش پر اس قسم کی طعن تشنیع کرتے وقت احراریوں کا لہجہ صرف مذہبی ہی نہیں بلکہ عام اخلاقی حدود سے بھی تجاوز کر جاتا تھا۔ مثلاً ان لڑکوں کی کمسنی اور ان کی خوب روئی کا ذکر وہ چٹخارے لے کر کیا کرتے تھے۔

احراریوں کی اپنی حرکات بھی انھیں ڈبو دینے کو کافی تھیں۔ لیکن تھوڑی بہت جو کسر تھی وہ ہندو اخبارات کی تائید نے پوری کر دی۔ اس وقت کے مشتعل ماحول میں کوئی مسلمان یہ باور کرنے کے لیے تیار ہی نہیں تھا کہ جس بات کو ہندو، مسلمانوں کے لیے مفید سمجھیں وہ واقعی ان کے لیے مفید ہوگی۔

انتخابات میں احراری نمائندوں کا جو حشر ہونا تھا وہ ہوا، لیکن ایک احراری ایسا ضرور تھا جو لیفٹ تو آگ گیا تھا لیکن مل گئی پیغمبری۔ یہ شخص جو عرفِ عام میں زیرہ کہلاتا تھا اور جس کا اصلی نام وزیر محمد تھا، ایک خود ساختہ انجمن کا صدر تھا، جس کا نام 'انجمن اصلاحِ چارسو بیسیاں' تھا۔ لاہور کی شہری سیٹ سے اس نے بھی تفنن طبعاً اپنے کاغذات نامزدگی داخل کر دیے۔ اب کرنا خدا کا یہ ہوا کہ اس سیٹ سے مسلم لیگ کے سرکاری اُمیدوار کے کاغذات نامزدگی نامنظور ہو گئے اور کسی ثانوی اُمیدوار نے اس کی طرف سے اپنے کاغذات داخل کیے نہیں تھے۔ سیٹ اپنے ہاتھ سے نکلتے دیکھی تو مسلم لیگیوں نے اسی زیرہ کی طرف رجوع کیا اور اس یہ ملاعبے کے ساتھ کہ کبھی کھوٹا سکہ بھی کام آجاتا ہے۔ زیرہ کو یہ بات سمجھنے میں زیادہ دیر نہیں لگی کہ چارسو بیسیوں کی اصلاح تو بعد میں بھی ہو سکتی ہے، اس وقت اس موقعے سے فائدہ اٹھا کر اپنی حالت ہی کو بہتر بنانا چاہیے۔ چنانچہ زیرہ کا عرف ختم ہوا اور یہ صاحب معزز وزیر محمد بن کر مسلم لیگ کے سرکاری امیدوار ہو گئے اور انتخاب میں معقول اکثریت کے ساتھ جیتے بھی۔

انتخاب کے نتیجے میں مسلم لیگ پنجاب اسمبلی میں سب سے بڑی پارٹی تو بن گئی لیکن اسے واضح اکثریت حاصل نہ ہو سکی۔ شہری نشستیں مسلم لیگ اور کانگرس میں تقسیم ہو گئیں۔

مسلم نشستیں مسلم لیگ کو ملیں اور ہندو نشستیں کانگرس کو۔ لیکن دیہات میں کچھ نشستیں جن میں مسلم نشستیں بھی شامل تھیں، یونینسٹ پارٹی کو بھی مل گئیں۔ اس طرح اپنی قوت کے پورے مظاہرے کے باوجود اقتدار کا موتی مسلم لیگ کے ہاتھ نہ آیا اور سر خضر حیات خاں کی قیادت میں یونینسٹ پارٹی اور کانگرس کی ملی جلی وزارت برسر اقتدار آ گئی۔

یہ بات پارلیمانی آداب کے منافی ہرگز نہیں تھی لیکن مسلم لیگ کے لیڈروں کی مزاج کی ان دنوں جو کیفیت تھی، اس کے پیش نظر یہ توقع مشکل ہی سے کی جا سکتی تھی کہ وہ پارلیمانی آداب کا اس حد تک احترام کریں گے کہ اقتدار سے محرومی بھی گوارا کر لیں۔ خواہ ایچ پیچ کے ساتھ ہی سہی، لیکن مسلم لیگی لیڈروں کی طرف سے یہ بات ایک سے زائد بار کہی جا چکی تھی کہ ہندوستان کے ان حقوق میں جہاں مسلمانوں کی اکثریت ہے، اقتدار کی کشمکش صرف مسلم پارٹیوں تک ہی محدود ہو گی۔ غیر مسلم وزیر یا ان کے نمائندے اگر کشمکش اقتدار میں شرکت کریں تو یہ ایک طرح سے جدال بین المسلمین کو شہ دینے والی بات ہو گی، انھیں تو اس کشمکش کا خاموش تماشائی بننا چاہیے۔ قائد اعظم تو سرے سے جمہوریت ہی کو ہندوستان کے لیے ناموزوں قرار دے چکے تھے لہٰذا پنجاب مسلم لیگ نے فیصلہ کیا کہ اقتدار کی جو بازی وہ اسمبلی میں ہار گئی ہے، اسے پنجاب کے کوچہ و بازار میں جیتا جائے۔

پنجاب مسلم لیگ نے خضر وزارت کی برطرفی کے لیے سول نافرمانی کی جو تحریک چلائی وہ مجموعی طور پر پُرامن رہی۔ اس میں صوبائی لیگ کے لیڈروں کی تنظیمی صلاحیتوں کو بھی دخل تھا۔ لیکن ایک باعث یہ بھی تھا کہ اس تحریک کو سرگرم مزاحمت کا سامنا ہوا ہی نہیں، نہ حکومت کی طرف سے اور نہ کسی اور کی جانب سے۔

حامیانِ وزارت کی طرف سے کوئی جوابی تحریک چلائی جاتی تو بہت ممکن تھا کہ حکومت دونوں پر سختی کر کے اپنا استحکام کر لیتی لیکن صرف مسلمانوں کے خلاف کارروائی کرنے کا حوصلہ سر خضر حیات میں نہیں تھا۔ پھر اونچی سطح پر بھی کچھ ایسی باتیں ہو رہی تھیں جو خضر حیات کی وزارت کے لیے سازگار نہیں تھیں۔ پاکستان کا قیام یقینی نظر آنے لگا تھا۔

اس صورت میں برسر اقتدار رہنا نہ خضر حیات کے لیے مفید تھا اور نہ انھیں برسر اقتدار رکھنا حکومت ہند کی مصلحتوں کو پورا کرتا تھا۔ چنانچہ انھوں نے استعفا دے دیا۔ یہ اور بات ہے کہ مسلم لیگ کی وزارت پنجاب میں ان کے استعفیٰ کے بعد بھی نہیں بنی اور وہاں گورنری راج قائم ہو گیا۔

یکا یک ماسٹر تارا سنگھ کے دل میں آئی کہ ان کے لیے کچھ کر گزرنا ضروری ہے۔ انھوں نے ہندوؤں اور سکھوں کے ایک بہت بڑے جلسے میں اپنی کرپان کو برہنہ کیا اور ہندوؤں اور سکھوں کو مشورہ دیا کہ ان کے لیے کچھ کرنے اور مرنے کا وقت آ گیا ہے۔ ان کی تقریر کے بعد ہندوؤں اور سکھوں کا جلوس جب انارکلی سے گزر رہا تھا تو رات ہو چکی تھی اور میں دفتر سے اپنے گھر لوٹ رہا تھا۔ ہجوم واقعی مشتعل تھا۔ راستے میں جہاں کہیں بھی مسلم لیگ کا جھنڈا نظر آیا انھوں نے اتار پھینکا۔ اگر جھنڈا اونچا ہوتا تو اس تک رسائی کے لیے ایک شخص دوسرے شخص کے کاندھوں پر سوار ہو جاتا اور اگر پھر بھی کام نہ چلتا تو جھنڈے کو اتارنے کے لیے کرپان استعمال کی جاتی۔ صاف ظاہر تھا کہ لاہور کا سکون اب برقرار نہیں رہے گا۔

باقی بہت سی چیزوں کی طرح قلندروں نے فسادات کو بھی کافی دنوں تک غیر حقیقی ہی سمجھا۔ جیسے ہی میں نگینہ بیکری میں داخل ہوتا، باری نعرہ لگاتے:

کافر آیا چھری نکالو

فسادات نے انتہائی زور پکڑا تو بھی انارکلی کا علاقہ محفوظ رہا اس لیے نگینہ بیکری کی محفل برہم نہیں ہوئی۔ انارکلی میں فساد نہ ہونے کی وجہ یہ تھی کہ وہاں کے ہندو اور مسلمان دوکانداروں میں سمجھوتہ ہو گیا تھا کہ بازار کو تباہ نہیں ہونے دیا جائے گا۔ چنانچہ جب باقی شہر جل رہا تھا، تب بھی انارکلی پر آنچ نہیں آئی۔ کاروبار البتہ یہاں بھی معطل تھا اور کھانے پینے کی اِکّا دُکّا دکانوں کو چھوڑ کر کوئی دکان کھلی نظر نہ آتی تھی۔

ایک دن دوپہر کو میں گھر پر بیٹھا تاش کھیل رہا تھا کہ کسی نے اطلاع دی کہ آتشزنی

اور لوٹ مار کا سلسلہ انارکلی میں بھی شروع ہو گیا ہے۔ کچھ غنڈے راجہ برادرز کی دکان کا جو میرے گھر کے قریب ہی تھی، تالا توڑ رہے تھے اور آگ لگانے کی کوشش بھی کی جا رہی تھی۔ ان دنوں فائر بریگیڈ اور پولیس کی مدد حاصل کرنا ممکن نہیں تھا، اس لیے یہ یقینی نظر آتا تھا کہ اگر آگ لگ گئی تو سارا بازار جل کر رہ جائے گا۔ لیکن کراکری کی مشہور دکان بیجا مل اینڈ سنز کے مالک کی حکّام رسی آڑے آ گئی۔ اس نے سپرنٹنڈنٹ پولیس کو جو ایک انگریز تھا، براہِ راست ٹیلی فون کر دیا۔ وہ کچھ سپاہیوں کو لے کر جائے واردات پر پہنچا اور اپنے ہاتھ سے مشین گن چلا کر تین فسادیوں کو ہلاک کر دیا۔ باقی بھاگ گئے۔ آگ البتہ لگ چکی تھی۔ بہر حال یہ پھیلی نہیں اور جو واحد دکان جلی وہ کسی ہندو کی نہیں بلکہ مسلمان کی تھی۔

فسادیوں کی لاشیں اگلے دن بھی بازار ہی میں پڑی رہیں۔ شاید لوگوں کو عبرت دلانے کے لیے۔ تینوں لاشیں نچلے طبقے کے مسلمانوں کی تھیں، جو لباس اور وضع قطع سے پیشہ ور غنڈے معلوم ہوتے تھے۔

انارکلی کو بچانے میں ایک انگریز افسر کی تنہا بہادری کو دخل تھا لیکن یہ بات بدستور سنی جاتی رہی کہ فسادات انگریز کرا رہے ہیں۔

انارکلی کے دکانداروں کا سمجھوتہ اس واقعے کے بعد بھی برقرار رہا اور خنجر زنی کے اِکّا دُکّا واقعات کو چھوڑ کر یہاں فساد نہیں ہوا۔ ہندو بہر حال سہمے ہوئے تھے اور اس سکون کو آنے والے طوفان کا پیش خیمہ سمجھ رہے تھے۔ فسادات کی در پردہ تیاریوں کا شبہ ایک مسلمان رُئیس کے بیٹوں پر تھا جس کی انارکلی میں کافی جائداد تھی۔ ان میں سے ایک کبھی کبھی نگینہ بیکری میں بھی آیا کرتا تھا۔ اس واقعے کے دو تین دن بعد ملا تو کہنے لگا: مِتّل صاحب کیوں نہ آج چائے گھر چل کر ہی پیئیں۔ میں ساتھ ہو لیا۔ ان لوگوں کی کوٹھی بہت بڑی تھی اور خود اس کا کمرہ اوپر کی منزل پر تھا۔ جہاں پہنچنے کے لیے کئی زینوں کو پار کرنا پڑتا تھا۔

کمرے میں پہنچتے ہی کہنے لگا: تم جانتے ہو کہ میں تمھیں یہاں کیوں لایا ہوں؟

میں نے کہا: قتل کرنے کے لیے۔ میرے جواب پر ہنس پڑا اور ہنسی اس کی دلی مسرت کی آئینہ دار تھی۔ کہنے لگا کہ میں خوش ہوں کہ کم از کم ایک ہندو مجھے قاتل نہیں سمجھتا۔ میں تمھیں یہاں آج اس لیے لایا تھا کہ اپنے دل کا بوجھ ہلکا کروں۔ یہ بتاؤں کہ مجھ پر فساد کی درپردہ تیاریوں کا جو الزام ہے وہ غلط ہے۔

انارکلی پر سکون سہی لیکن اندرونِ فصیل قیامت کا عالم تھا اور ہندوؤں کے بازار یکے بعد دیگرے جلائے جا رہے تھے۔ جب تک ہندوؤں کو یہ خیال رہا کہ لاہور ہندوستان ہی میں رہے گا وہ وہاں ڈٹے رہے لیکن جب لاہور کے بارے میں فیصلہ ہوگیا کہ وہ پاکستان میں جائے گا تو ان کے قدم اکھڑ گئے۔ پھر اونچی سطح پر خواہ مضمر طور پر ہی سہی تبادلۂ آبادی کا فیصلہ بھی ہوگیا اور جانے والوں کے لیے سرکاری ٹرک مہیا کر دیے گئے۔ اب ہندوؤں کے وہاں رہنے کا سوال ہی نہیں تھا۔

میرا اٹھنا بیٹھنا چونکہ زیادہ تر مسلمانوں میں تھا اس لیے وہ مسلمان جو میرے ذاتی دوست نہیں تھے، مجھے مسلمان ہی سمجھتے تھے اور ایک بار ایک دلچسپ صورتِ حال پیدا ہوگئی۔ ۱۵ر اگست کو میں نگینہ بیکری میں صبح کا ناشتہ کر رہا تھا اور محفل جمی ہوئی تھی کہ یکایک دو تین غنڈہ صورت مسلمان داخل ہوئے اور ہماری میز کے قریب ہی بیٹھ گئے۔ پھر ہماری گفتگو میں بھی شریک ہوگئے اور اپنے قتل و غارت گری کے کارنامے فاتحانہ انداز میں سنانے لگے۔ ان میں سے ایک خصوصیت سے میری طرف مخاطب تھا اور ایک گردوارے پر حملے کی روداد سنا رہا تھا اس کا کہنا تھا کہ گردوارے والوں کے پاس اسلحہ کافی تھا اور وہ اپنے بچاؤ کے لیے متواتر گولیاں چلاتے رہے لیکن گولیاں آخر ختم ہوگئیں جس کے بعد وہ اور اس کے ساتھی دیوار پھاند کر گردوارے کے اندر گئے اور سکھوں کو ایک ایک کرکے ذبح کر ڈالا۔

خدا جانے اس کا باعث میرا اپنے مسلمان دوستوں پر کامل اعتماد تھا یا دیوانگی کی کوئی ترنگ کہ میں نے اسے بتا دیا کہ جس شخص کو وہ اپنی روداد سنا رہا ہے وہ ایک ہندو ہے۔ اس کا لہجہ فوراً ہی بدل گیا کہنے لگا کہ اگر پرسوں تم سے ملاقات ہوتی تو میں تمھیں ضرور قتل کر دیتا لیکن کل پاکستان قائم ہوگیا ہے، اب تم میرے مہمان ہو۔ میرے گھر چلو میں تمھاری تواضع

کروں گا اور اگر کوئی تم پر انگلی اٹھائے گا تو اس کا سر کاٹ دوں گا۔ اپنی انٹی سے نکال کر اس نے مجھے کچھ گولیاں بھی دکھائیں کہنے لگا یہ ان میں سے چند گولیاں ہیں جو تمھارے بھائی بندہم پر چلاتے رہے ہیں۔

قلندروں پر فسادات کا صرف اتنا اثر ہوا کہ اب میری آمد پر باری علیگ

کافر آیا چھُری نکالو

کا نعرہ بلند نہیں کرتے تھے۔ صرف ذمّی بنانے کی دھمکی دیتے تھے جس پر میں کہا کرتا تھا۔ ابے چل تو خود کسی نواب ممدوٹ کا کمیرا ہوگا۔ یہ خوش فہمی ابھی قائم تھی کہ جو ہندو بھاگے بھی ہیں واپس آجائیں گے اور لاہور ویسا کا ویسا ہی رہے گا۔

لیکن اس خوش فہمی نے زیادہ دن ساتھ نہیں دیا۔ لاہور سے ہندو بھاگ ہی نہیں رہے تھے، باہر سے مسلمان آ بھی رہے تھے۔ لاہور کا نقشہ یکسر بدل رہا تھا۔ مجھے ذمّی بنانے کی دھمکی دینے کی بجائے باری اب اپنے اس ڈر کا اظہار کرنے لگا تھا: یار متّل کہیں داڑھی نہ رکھنا پڑ جائے۔

فسادات منظم تھے یا خود رو، اس سلسلے میں طرح طرح کی قیاس آرائیاں تھیں۔ کچھ لوگوں کا کہنا تھا کہ فسادات اس لیے شروع ہوئے کہ امرتسر کے بدمعاشوں نے لاہور کے بدمعاشوں کو چوڑیاں بھیجی تھیں۔ کچھ کہتے تھے کہ فسادات کی تنظیم مسلم لیگی لیڈروں نے کی ہے ——————— لیکن بعض یہ بھی کہتے تھے کہ نواب ممدوٹ اور کچھ دوسرے مسلم لیگی مسجد مسجد جا کر امن کی بھیک مانگ رہے ہیں۔ ہو سکتا ہے کہ یہ دونوں ہی باتیں صحیح ہوں۔ شروع شروع میں انھوں نے فساد کو ہوا دی ہو اور جب فسادی حد سے تجاوز کر گئے ہوں تو انھیں باز رکھنے کی کوشش کی ہو۔ بہرحال یہ بات سمجھ میں نہیں آتی تھی کہ اگر فساد منظم ہیں تو اتنی دکانوں اور اتنے مکانوں کو جلایا کیوں جا رہا ہے جو بہرحال پاکستان کا اثاثہ تھے۔

فسادیوں نے اس بستی پر جس میں پروفیسر برج نرائن رہتے تھے حملہ کیا تو انھوں نے یہی دلیل دے کر فسادیوں کو آتش زنی اور قتل و غارت سے باز رکھنے کی کوشش کی تھی۔

کہتے ہیں کہ پہلے فسادی پروفیسر صاحب کی بات مان کر واپس چلے گئے، لیکن وہی خود یا فسادیوں کی کوئی دوسری ٹولی دوبارہ آئی تو پروفیسر صاحب انھیں قائل کرنے میں ناکام رہے اور سب سے پہلے خود ہی قتل ہوئے۔

پروفیسر برج نرائن عالمی شہرت کے ماہر اقتصادیات تھے۔ جہاں بیشتر ماہرینِ اقتصادیات یہ کہتے تھے کہ پاکستان اقتصادی طور پر کبھی مستحکم نہیں ہو سکے گا اور اس کا وجود بڑا ہی ناپائیدار ہے، وہاں پروفیسر برج نرائن نے اس نظریے کی حمایت میں متعدد مضامین لکھے تھے کہ پاکستان اقتصادی طور پر خود کفیل ہونے کا اہل ہوگا۔ وہ پاکستان میں رہنے کا فیصلہ کیے ہوئے تھے اور ان کی بے تعصبی کا کٹر سے کٹر مسلم لیگی قائل تھا۔ بہت ممکن تھا کہ اگر وہ زندہ رہتے تو پاکستان کے اقتصادی استحکام کا کام انھیں کے سپرد ہوتا لیکن قضا و قدر کو یہ منظور نہیں تھا۔

ان کی موت میرے لیے زبردست دھچکا تھی۔ وہ میرے استاد تھے اور میرے مزاج کی تشکیل میں ان کا بڑا دخل تھا۔ گھر والے لاہور میں رہنے کے لیے پہلے بھی تیار نہیں تھے، اب میرے قدم بھی ڈگمگا گئے اور جب امرتسر جانے والا لاریوں کا آخری قافلہ روانہ ہوا تو اس میں میں بھی سوار تھا۔ مجھے الوداع کہنے کچھ مسلمان دوست بھی آئے تھے۔ ان میں سے دو ایک کی آنکھیں اشکبار تھیں۔ ایک ہمسفر نے سرگوشی کے انداز میں مجھ سے کہا: سالے پہلے مار مار کر بھگاتے ہیں پھر روتے ہیں۔ مجھے غصہ آگیا اور میں نے کہا: بکو مت۔ یہ فیصلہ میں آج تک نہیں کر سکا کہ یہ جھاڑ میں نے اسے ڈالی تھی یا خود اپنے آپ کو۔ کیونکہ دل اندر ہی اندر کچھ ایسا محسوس کر رہا تھا کہ میں قلندروں کو چھل دے کر جا رہا ہوں۔

قافلہ امرتسر پہنچا تو وہاں بھی جلے ہوئے مکان نظر پڑے۔ لاہور میں پیشانی پر نورِ شہادت پیدا نہیں ہوا تھا لیکن یہاں آکر ندامت کے قطرے ضرور نمودار ہو گئے۔

پتہ چلا کہ اسی قافلے میں راج بلدیو راج بھی شامل ہیں۔ جہاں قافلہ رکا تھا وہاں اچھا خاصا بازار لگا ہوا تھا۔ ہم دونوں ہاتھ منہ دھو کر چائے نوشی میں مصروف ہو گئے۔ قافلے والے لٹ لٹا کر آئے تھے۔ لیکن ایسا معلوم ہوتا تھا کہ لیٹرے خود ان میں بھی موجود